"인간 탐구 보고서" 독자 분들께

세상의 모든 어린이들에게
뇌과학의 경이로움을 전합니다.
나를 이해하고, 사랑하는 가족·친구·이웃을 이해하고
무엇보다 우리 인간들은 사랑하게 만들어줄
뇌과학의 세계를 흥미롭게 탐험하시길!

2019. 9.

어린이를 위한 뇌과학 프로젝트

정재승의
인간탐구보고서

기획 정재승 | 글 정재은 이고은 | 그림 김현민

아울북

<인간 탐구 보고서>를 시작하며 **6**
청소년들에게 '호모 사피엔스 뇌의 경이로움'을 일깨워 주었으면

프롤로그 **12**
아우레 탐사대 결성
외계 문명의 증거를 발견하다

등장인물 소개 **24**

만든 사람들, 제작소 엿보기, 2권 미리보기 **166**

1 지구인으로 변신하기 ·········· **28**
지구인들은 옷을 입는다

2 쌍꺼풀로 다른 사람이 되다 ·········· **44**
지구인들은 외모의 작은 차이를 알아본다

보고서 1 지구인 변신 첫날, 미세한 외형 차이도 주의해라

3 집을 구할 수 있는 외모는 따로 있다 ·· **63**
지구인들은 외모로 차별한다

보고서 2 지구 거주지 구하기

4 첫인상은 중요하다 ·········· **87**
지구인은 외모가 능력과 관계있다고 생각한다

보고서 3 지구인의 뇌 구조와 거주지 해부

5 잘생기면 감시받는다 ·········· **111**
지구인들이 호감을 갖는 외모는?

보고서 4 지구에서는 잘생기면 감시받는다

6 복제 인간의 행성 ·········· **133**
지구인은 유행을 따른다

보고서 5 절대 튀지 말 것. '유행'을 따르라

7 이웃집 외계인 ·········· **149**
지구인은 외모를 위해 엄청난 고통을 감수한다

보고서 6 지구인들에게 외계인이란

<인간 탐구 보고서>를 시작하며

청소년들에게 '호모 사피엔스 뇌의 경이로움'을 일깨워 주었으면

어린이와 청소년들에게 단 한 권의 책을 읽혀야 한다면, 그것은 '우리들에 대한 과학'이어야 한다고 생각합니다. 우리 인간이 왜 이렇게 행동하고 생각하는지 '마음의 과학'을 일러주어야 한다고 말입니다. 어린 시절 우리가 무척 궁금해하고 고민하는 대부분의 것들은 바로 나와 가족, 친구들, 그리고 이웃들의 마음에서 비롯된 것들이니까요.

왜 엄마가 하지 말라는 행동은 더 하고 싶은 걸까요? 아빠가 형이나 오빠를 더 챙기면 질투가 나서, 왜 형까지 미운 걸까요? 왜 시험 때만 되면 교과서 말고 다른 책들이 더 읽고 싶어지는지, 왜 좋아하는 여학생은 더 잘 대해 주어야 하는데 오히려 놀리고 싶은지, 정말 궁금하지요.

어린이들에게 마음의 과학을

마음을 탐구하는 학문인 뇌과학과 심리학은 인간의 사고, 판단, 행동에 대한 가장 흥미로운 설명을 우리들에게 들려줍니다. 지난 150년 간 신경과학자들과 심리학자들은 '인간 뇌가 어떻게 작동하여 마음

이란 걸 만들어 냈는지' 꽤 많은 걸 밝혀냈습니다. 초등학교와 중학교에 다니는 학생들에게 다른 나라 언어나 복잡한 수학 공식을 가르쳐 주는 것도 필요하지만, '마음의 과학'을 가르쳐 주는 것이 가장 중요합니다. 나는 누구이며, 우리는 어떤 존재인지, 인간 사회는 왜 이렇게 돌아가는지에 대해 과학자들이 밝혀낸 사실들을 아이들에게 알려 주어야 합니다. 그게 우리에게 진짜 유익한 지식이니까요.

그런데 놀랍게도, 우리나라는 고등학교를 졸업할 때까지 뇌과학이나 심리학을 배울 기회가 거의 없습니다. 생물 시간에 잠깐, '우리 뇌는 뉴런이라는 신경 세포들이 시냅스로 연결된 거대한 그물망(네트워크)이며, 뉴런들이 서로 전기 신호를 주고받으면서 놀라운 정신 작용을 만들어 낸다.'는 것 외에는 세상이 아이들에게 '뇌와 마음'에 대해 가르쳐 주지 않습니다.

제게는 딸 셋이 있습니다. 초등학교에 다니는 저희 딸아이들을 위해 제가 책을 한 권 낼 수 있다면, '어린이와 청소년들을 위한 뇌과학' 책이어야 한다고 생각했습니다. 그렇게 해서 이 책이 탄생하게 됐습니다. 무려 10년 전부터 준비했던 이 책이 여러 우여곡절을 거쳐 드디어 근사한 모습으로 빛을 보게 된 것입니다. 바라건대, 이 책이 혼란스러운 어린 시절과 고민 많은 사춘기를 관통하게 될 모든 10대들에게

'나에 대한 친절한 가이드북'이 되었으면 합니다. 뇌과학과 심리학이 그들을 유익한 방황과 진지한 성찰로 인도해 줄 겁니다.

인간의 일상을 낯설게 관찰하기

이 책은 외계인의 시선으로 인간을 탐구하는 흥미로운 이야기입니다. 아우레 행성으로부터 외계 생명체 아싸, 바바, 오로라, 라후드가 지구로 찾아옵니다. 아우레에서 더 이상 살 수 없게 되자, 이주할 외계 행성을 찾기 위해 지구에 파견 온 그들은 지구의 지배자인 인간들을 관찰합니다. 우리 인간들을 물리치고 지구를 점령할지, 인간들과 공존하며 지구에서 함께 살지 알아보기 위해 말입니다.

호모 사피엔스를 처음 만난 아우린들에게는 인간의 모든 행동 하나하나가 흥미로운 관찰 대상입니다. 얼굴에 옹기종기 모여 있는 눈, 코, 입의 형상에 지나치게 집착하는 것도 흥미롭고, 기억력도 자신들에 비해 부실하고, 불쑥불쑥 화를 내며 충동 억제를 잘 못하는 인간들이 그저 신기하기만 합니다. 그러면서도 그들은 자신들을 '현명한 동물(Homo sapiens, 호모 사피엔스)'이라고 부르니 말입니다. 전혀 합리적으로 행동하지 않는 우리 호모 사피엔스들이 그들에겐 그저 어리석게만 보일 뿐입니다. 하지만 그들이 우리를 점점 알아 가면서 우리 인

간들의 장점도 파악하겠지요? 기대해 봅니다.

아이들은 이 책의 첫 페이지를 열면서 외계인의 시선으로 인간을 바라보는 생경한 경험을 하게 될 것입니다. 아싸와 아우레 탐사대처럼 인간을 관찰한 후 '탐구 보고서'를 아우레 행성으로 보내는 과정에 동참할 것입니다. 이 과정을 통해 아이들은 우리들의 평범하고 당연한 일상을 낯설게 바라보는 경험을 하게 될 것입니다. 마치 우리가 곤충을 관찰하고 기록 일기를 쓰듯이, 인간의 일상을 관찰하고 탐구 보고서를 쓰면서 우리를 돌아보게 될 것입니다.

인간이라는 사랑스럽고 경이로운 생명체

그 과정에서 아이들은 우리 인간을 비로소 '이해'하게 될 것입니다. 외계 생명체 라후드처럼 '인간은 정말 이해 못 할 이상한 동물'이라고 여겼다가, 점점 우리들을 이해하게 될 것입니다. 방금 본 것도 잘 기억하지 못할 정도로 호모 사피엔스의 기억 중추는 턱없이 부실하지만, 그렇기에 우리는 부실한 기억 중추를 만회하려고 '반드시 기억해야 할 것이 무엇인지, 소중한 것이 무엇인지 판단하는 능력'을 얻게 됐는데, 그것이 우리를 더 근사한 존재로 만든다는 것을 깨닫게 되지요. 친구가 산 옷이면 나도 사고 싶고, 형이 먹는 걸 보면 배가 고프지 않아도 나도 먹고 싶고, 동생이 우는 것만 봐도 나도 그냥 눈물이 날 정도로 우리 인간들은 '이상한 따라쟁이'입니다. 하지만 그 덕분에 다른 사람의 감정에 공감하며 슬픔을 함께 극복하고 힘든 역경을 이겨 낼 수 있다는 걸 깨닫게 됩니다. 아싸와 아우레 탐사대가 그렇듯, 우리 어린이들도 이 책을 읽으면서 인간 존재의 신비로움을 깨닫게 될 것입니다.

그러면서 결국 외계 생명체 아우린들이 '인간이 얼마나 사랑할 만한 존재'인지 알아주었으면 합니다. 무지 비합리적이고 종종 충동적이며 때론 폭력적이기까지 한 존재이지만, 인간 내면의 실체를 모두 알게 되면, 우리 호모 사피엔스가 얼마나 사랑스러운 존재인지 깨달았으면 좋겠습니다. 아우레 행성의 외계 생명체들이 제발 우리를 지배하려 하지 말고, 우리 인간들의 사랑스러운 매력에 빠져 주길 희망합니다.

무엇보다도, 인간의 뇌는 이성과 감성이라는 두 말이 이끄는 쌍두마차로서, 우리가 사는 세상을 좀 더 근사한 곳으로 만들기 위해 끊임없이 애쓰는 경이로운 기관임을 그들이, 아니 어린 독자들이 알아주었으면 합니다. 우리는 과학이라는 정교한 현미경을 가지고 있으면서도, 동시에 예술이라는 풍성한 악기도 가지고 있는 놀라운 생명체라는 사실 말입니다. 바티칸 시스티나 성당의 '천지창조'를 그릴 정도로

풍부한 감성을 가졌으면서도, 동시에 우주가 빅뱅에 의해 138억 년 전에 탄생했다는 사실을 밝혀낸 이성적인 존재라는 사실 말입니다.

인간의 숲으로 도전적인 탐험을!

인간의 실체가 모두 속속들이 밝혀질 때까지, 아싸와 아우레 탐사대의 '인간 탐구 보고서'는 아우레 행성을 향해 끊임없이 발신될 것입니다. 호모 사피엔스의 뇌가 가진 경이로운 능력, 사랑스러운 매력이 외계 생명체들에게 충분히 이해될 때까지 보고서는 결코 멈추지 않을 것입니다. 그 과정에서 우리 어린이들 또한 인간에 대한 이해가 깊어지겠지요? 외계 생명체 아우린들이 흥미롭게 써 내려간 '인간 탐구 보고서'에서 어린이들과 청소년들이 나를 발견하는 놀라운 경험을 하게 되길 진심으로 기대합니다. 사실 인간 탐구 보고서는 인간 사회를 지배하기 위해 아우레 행성의 정복자들이 작성한 무시무시한 보고서가 아니라, 인간이라는 숲을 탐색하는 외계 탐험가의 도전적인 보고서이기 때문입니다. 자, 이제 그들의 인간 탐험을 흥미롭게 함께해 주시길!

정재승 (KAIST 뇌인지과학과+융합인재학부 교수)

아우레 탐사대 결성
외계 문명의 증거를 발견하다

지구가 속한 태양계를 감싸고 있는 우주 속 미나레스 웜홀을 통과하면 태양계 밖의 은하계를 만날 수 있다. 수많은 은하계의 어떤 행성에서는 새로운 문명이 탄생하고, 또 어떤 행성에서는 지구보다 수천 년 앞선 문명이 발전해 있다.

지구에서 수백 광년 떨어진 어느 은하계에 과학과 의학이 발달한 행성이 있다. 이곳의 구성원들은 수천 년 동안 죽지 않고 계속해서 살아간다. 수천 년을 사는 이들에게 시간은 매우 더디게 흘러간다. 그러던 중 이들에게 변화가 필요한 시점이 찾아왔다. 수백 년 전부터 행성에 떨어지는 우주 먼지의 양이 너무 많아져, 행성 곳곳이 파괴되고 있는 것이다. 거주 가능한 곳은 행성의 인공 보호막이 덮여 있는 지역뿐. 이 행성의 이름은 바로 "아우레"이다.

아우레 행성에 사는 아우린들은 수백 년째 행성 이주 계획을 실행하기 위한 연구를 계속하고 있다. 그러나 블랙홀과 웜홀을 자유롭게 오갈 우주선이 있는 아우린들도 아직 새로운 행성을 발견하지 못했다. 여러 행성을 탐사했지만, 대부분 아우린들이 거주하기에 적합하지 않았다. 어떤 행성은 너무 뜨겁고, 어떤 행성은 너무 차갑고, 어떤 행성에 사는 생명체들은 너무 난폭하고, 또 어떤 행성에는 물이 없었다. 아주 오래전의 아우레 행성처럼 공기와 물이 있는 행성을 찾는 것은 생각보다 쉽지 않았다. 2013년 태양계 밖으로 벗어난 '보이저 1호'가 미나레스 웜홀을 통과해 아우레 행성에 도달하기 전까지는…….

* **보이저 1호** 1977년 미국 NASA가 발사한 무인 탐사선. 2013년 태양계를 벗어난 뒤 아주아주 멀리 항해하고 있다. 외계 문명에게 보내는 지구의 각종 정보와 사진, 소리를 담은 골든 레코드가 실려 있음.

＊성간 물질 우주 공간에 흩어져 있는 아주 작은 알갱이 모양의 물질

아우레 행성
과학 연구소

저 괴상한 원반에는 다양한 소리가 들어 있다.

안녕 하세요.

헬로우~.

봉주르~.

너, 뭐 하는 거야?

빠 바 밤 ♪

쿵 쾅

저 소리를 들으니, 나도 모르게 몸이 흐느적거린다.

흐느적 흐느적

처음 떨어진 자리. 내가 찾았다.

저 행성을 탐사할 권리는 나한테 있는 거지?

물론이지. 여기 바바와 아싸, 그리고 나와 함께.

너네가 왜?

21

이들은 아우레 최고의 과학자이자 수학자, 핵심 첨단 기기 기술자다. 외계 행성 탐사에 꼭 필요한 구성원이지.

안녕.

끙.

그리고 저 우주선이 미나레스 웜홀을 통과할 수 있는 마지막 우주선.

뭐? 마지막? 만약 우리가 나갔다가 사고라도 나면? 구하러 안 와?

자, 어서 출발하자.

엥?

등장인물 아우레인

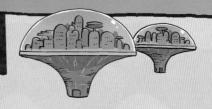

덩치가 작고 머리가 좋은 과학자.
특히 과학과 수학 분야의 천재.
시력은 나쁘지만 청력이 우수하다.
지구인들의 혼잣말까지 다 들을 수 있다.
꽤 뛰어난 외모 덕에 첫날부터 사람들의 관심을
받게 되고, 지구인의 수준을 뛰어넘는 과학,
수학 실력으로 천재 소년이라 불린다.
남의 일에 전혀 관심 없지만, 자꾸 휘말리게 된다.

아싸

아우레 행성의 과학자.
첨단 장비를 매우 잘 다룬다.
외계 행성에서 아우레 행성과의 통신을 담당한다.
늘 의자에 앉아 있던 습관 때문에 인간의 두 다리로
걸어 다니는 게 편하지 않다.
그래서 지팡이 짚은 할아버지가 되기로 한다.
두 다리보다는 세 다리로 걷는 게
훨씬 편할 테니까.
아우레 행성에서 가져온 fMRI 안경으로
지구인들의 뇌 활동을 읽을 수 있다.

바바

아우레 행성의 군인.
계획적이고 목표 지향적이다.
네 개의 눈으로 행성 곳곳을 살피며 수상한 상황을
조사한다. 스파이 훈련을 받은 덕분에
지구인 속으로 침투하는 것이 매우 자연스럽다.
지구인들과의 접촉을 극도로 꺼리지만,
각 잡힌 행동 덕분에 깔끔하고 단정한 이미지를
얻게 된다.

오로라

아우레 행성의 외계 문명 탐험가.
아우레 행성이 이주할 외계 행성을 찾기 시작한
이후로 계속 보호막 바깥 지역에서 외계 문명을
탐험해 왔다. 탐사대 중 누구보다 지구인에게
관심이 많고 가까이 다가가고 싶어 한다.
오래 걸을 순 있지만, 빨리 걷는 건 힘들다.
가만히 앉아서 생각하는 것을 좋아한다.
하지만 갑갑한 건 질색!

라후드

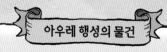

아우레 행성의 물건

하라하라

아우린들이 가져온 외계의 물건. 원하는 것을 스캔하면 똑같이
만들어 낼 수 있다. 그 밖에 무엇을 더 할 수 있는지는 미지수.

등장인물 지구인

써니

엉뚱발랄한 초등학교 5학년. 옆집에 이사 온 새로운 가족을 챙겨 주어야 할 것 같은 의무감이 든다. 등교도 같이 한다. 그냥 도움을 주려는 것뿐인데, 주변에서는 아싸가 잘생겨서 그런다고 생각한다.

유니

다이어트와 외모, 유행에 관심이 많은 중학교 2학년. 대중문화를 사랑한다. 연예인이 되고 싶지만 왠지 불가능할 것 같다. 대신 대한민국에서 활동하는 모든 아이돌의 매니저를 꿈꾼다.

금 사장

공인 중개사. 위니의 남편이자 줍줍할매의 사위. 짚신도 제짝이 있듯, 모든 집에 어울리는 손님은 따로 있다고 생각한다. 그러다 보니 바로 옆집은 수개월째 주인을 찾지 못했다.

위니 원장

위니 미용실 주인. 동네의 작은 소문 하나까지 놓치지 않는다. 눈썰미가 좋아 처음 보는 사람의 직업도 단박에 알아맞힐 수 있다(고 생각한다). 미용실의 직원을 구할 때도 무조건 첫인상이 중요하다.

줍줍할매

위니 원장의 어머니. 동네 구석구석을 다니며 쓸 만한
물건들을 모아 지하 창고에 쌓아 두는 게 취미이자 일이다.
그래서 다들 줍줍할매라고 부른다. 인생 경험이 많은
노인들의 안목을 믿는다.

루이

편의점 알바생. 여러 번, 사실은 아주 많이 취업 면접에서
실패했다. 외계인이 지구에 침투해서 숨어 살고 있다고
생각하는 음모론자. 편의점 아르바이트가 점점 지루해질
때쯤 수상한 인물을 발견했다.

정 박사

거의 매일 밤 루이가 일하는 편의점에 들러 라면을
사 먹는 괴짜 과학자. 무슨 연구를 하는지 늘 이해할
수 없는 말을 한다. 알바생 루이에게는 정 박사의 말이
외계의 언어로 들린다.

1

지구인으로
변신하기

지구인들은 옷을 입는다

갑갑해.

삐삐 빼빼 삐삐……
외계인 연구소에 요란한 사이렌이 울렸다.
거대 전파 망원경이 강력한 외계 신호,
와우 시그널을 수신한 것이다.
"진짜야, 이번엔 진짜라고!"
대부분의 연구원들은 만세를 불렀다.

관계자 외
출입 금지

이건 그냥
와우 시그널이 아니야.
와와와와우 시그널이라니까.

지 잉

봤어? 지구인들은 다 똑같이 생겼다.

변신은 쉽겠군. 누가 누군지 구분이 안 되니.

하라하라로 지구인 기본 슈트를 만들겠다. 머리 하나 팔 두 개, 다리 두 개….

지잉

지잉

지잉

팟

찌, 찢어질 것 같아!

좋아,
저 지구인으로
변신하자.

지잉

두

흐읍. 숨을
못 쉬겠어.

둥

잠깐…,
좀 다른데?

설마
불량품 가져온
거야?

다시
정확하게!

저 지구인과
똑같이 변신.
아주 똑같이!

지구인 변신은 예상보다 불편했다. 몸에 두른 이물질 때문이었다. 아싸는 지구의 통신망에 접속하여 이물질의 정체를 알아냈다.

"이것은 옷이다. 지구인은 더위나 추위로부터 몸을 보호하고, 예의를 지키고, 개성을 드러내기 위해 옷을 입는다. 평생! 지구인은 맨몸을 부끄러워한다."

아싸의 설명에 아우린들은 경악했다. 특히 몸이 꽉 조인 라후드는 고통스러웠다.

"지구인 슈트도 불편한데, 이것까지 걸치라고?"

* **도플갱어** 누군가와 똑같이 생긴 대상을 이르는 말. 공포 영화에서는 도플갱어와 마주친 사람은 결국 죽는다는 속설이 이야기의 소재로 쓰인다.

문득 배세디오 회장이 떠올랐다.

배세디오는 외계문명탐구클럽의 1대 회장이다. 아우린 역사
상 처음으로 외계인과 접촉했으나, 정체 모를 외계 바이러스에
감염돼 3,021세의 젊은 나이에 죽고 말았다.

라후드는 외계 생명체의 팔을 슬쩍 떼어 냈다. 하지만 형님이
라는 지구인은 끈덕지게 달라붙었다.

"우리 귀여운 박박, 이 형님이랑 같이 와우 시그널 분석해야
지. 어서 가자. 하하하."

　아우레 탐사대는 라후드가 끌려간 건너편 방으로 숨어들었
다. 오래된 서류와 책들이 잔뜩 쌓인 방이었다.

　"박물관에나 있을 법한 종이 서류군."

　바바와 아싸는 종이를 구경하다 뜻밖의 정보를 얻었다. 〈외
계인 인터뷰〉, 〈외계인 미라〉, 〈외계인에게 납치된 사람들〉 등
등 지구인이 외계인을 어떻게 생각하는지 기록한 문서들이
었다.

"지구인은 외계인에게 끔찍하게 관심이 많다."

아싸는 〈외계인 X-file〉을 펼쳤다.

"지구인들은 외계인을 잡으면 신체를 샅샅이 해부하려고 한다. 스캔하면 세포 속까지 간단히 볼 수 있는데, 잔인하다."

"잠깐! 여기가 외계인 연구소던네, 그럼 여기서… 우리를 해부……?"

"당장 나가자."

아우레 탐사대는 라후드에게 신호를 보내고 슬그머니 외계인 연구소를 빠져나왔다. 라후드도 형님이라는 지구인의 눈을 피해 간신히 탈출했다.

아우레 탐사대는 위험한 연구소에서 최대한 멀리 도망쳤다. 낯선 외계의 행성에서 아우린들에게 안전한 장소를 찾을 수 있을까?

2

쌍꺼풀로
다른 사람이 되다

지구인들은 외모의
작은 차이를 알아본다

헉
헉

데굴

데굴

쿵

나는 틀렸어.
이 황량한 행성에서
너희라도 꼭
살아 돌아가.

....

진짜
버리는 건
아니겠지?

아우레가
더 황량하다.

맞다. 현재 위치 대기 중 습도 약 65%,
아우레 평균 대기 습도 13%.
숲의 비율 약 60%, 아우레는 1.6% .

흠, 그런 것 같군. 아무도 우릴 주목하지 않아.

그럼 난 몸을 좀 키워 볼까?

어? 우리 텐트가 아니네? 근데 공원에 웬 양복…?!

설마 아저씨들 네 쌍둥이예요? 우아!

저 뚱뚱한 아저씨도 쌍둥이 맞죠?

후다닥, 아우레 탐사대는 텐트 사방을 꽁꽁 막았다.

지구인처럼 옷도 입었고, 하라하라로 텐트도 똑같이 만들어졌다. 그런데도 왜 지구인들은 아우린을 신기한 눈으로 쳐다볼까?

아씨는 진짜 지구인과 지구인으로 변신한 자신들의 모습을 비교, 분석하였다.

분석 결과
지구인은 매우 닮았지만
옷이 다름.

분석 결과
아우레 탐사대는
옷이 똑같음.

오로라는 지구인의 데이터를 검색한 끝에 최대한 달라 보이는 옷 네 가지를 골랐다. 그러나 이번에도 어린 지구인은 아우레 탐사대를 주시했다.

후다닥, 텐트로 뛰어 들어간 아우레 탐사대는 재변신의 실패 이유를 분석했다. 이유는 의외로 단순했다.

아우린들은 외모가 다 다르다. 눈, 코, 입의 개수와 위치가 다르고, 몸의 크기와 팔다리의 개수도 다르다. 그래서 아우린들에게 눈, 코, 입의 개수가 같은 지구인의 외모 차이는 우주 먼지만큼이나 사소했다.

"우리가 똑같다고? 확 진짜 얼굴을 보여 줘?"

그럴 수는 없었다. 지구인들 눈에 띄지 않기 위해, 좀 더 면밀히 관찰하는 수밖에.

지구인은 눈, 코, 입의 크기와 모양, 눈꺼풀의 주름 개수, 얼굴 피부의 반점 등 얼굴에 나타나는 아주, 매우 사소한 차이로 사람을 구분한다.

한참을 검색한 끝에 아우린들은 가족으로 변신했다. 지구에서 가장 흔한 집단, 흔한 차림새, 모여 있어도 눈에 띄지 않는 바바 할아버지, 오로라 엄마, 아싸 어린이, 그리고 라후드는……, 어디 갔지?

어린 지구인들은 텐트에서 나오는 가족에게 우르르 몰려왔다.

"우아, 이 안에 몇 명이나 있어요?"

"우리 텐트랑 똑같은 줄 알았는데, 엄청 큰가 봐."

"안에 구경해도 돼요?"

"안 된대."

라후드의 말에 어린 지구인들은 킬킬 웃었다.

"아저씨도 아줌마 무서워하는구나? 우리 아빠도 엄마 무서
워하는데. 어른들은 다 비슷한가 봐."

"정말? 내가 비슷해? 너네 아빠랑?"

지구인 아빠와 비슷하다면, 굳이 변신할 필요가 없는데?

때마침 멀리서 종이 한 장이 날아왔다.

완벽한 지구인 아빠로 변신한 라후드는 느긋하게 해가 지는 풍경을 감상했다. 지구의 낮은 아우레의 잿빛 하늘과 달리 파랬다. 하지만 지구의 저녁은 아우레와 마찬가지로 어둑어둑했다. 라후드는 고향 생각이 나서 코끝이 시큰해졌다.

그 순간 공원을 순찰하던 김 순경의 눈이 커졌다.

'많이 보던 얼굴인데……? 가만. 그래, 맞아! 9개월째 잡지 못했던 지명 수배범 조컵이야!'

김 순경은 난생 처음 지명 수배범을 실제로 보았다. 용감하게 체포해 자랑스러운 경찰이 되고 싶었지만 한편으로는 겁도 났다. 그래도 여기서 물러날 수는 없지. 김 순경은 배에 힘을 팍 주고 소리쳤다.

"지명 수배범 조컵, 너를 체포한다."

라후드는 느닷없이 나타난 지구인의 말을 이해하지 못했지만 본능적으로 위험을 느꼈다.

라후드는 벌떡 일어나 뛰었다. 지구인은 쫓아왔다. 라후드는 전속력으로 달렸다. 하지만 아우레에서 느린 발이 지구라고 갑자기 빨라지진 않았다.

라후드는 지구인에게 잡히고 말았다.

"넌 끝났어! 네놈이 나쁜 짓을 그렇게 많이 했다면서?"

지구인이 라후드를 붙잡아 꼼짝 못 하게 했다.

"아니다. 나는 아직 아무 짓도 못 했다."

라후드는 발버둥을 쳤지만 소용없었다.

"소장님, 제가 잡았어요. 지명 수배범 조컵을 잡았다고요."

김 순경은 라후드를 앞세우고 의기양양하게 소리쳤다. 파출소에 있는 경찰들 모두 깜짝 놀랐다.

소장은 유치장에 갇힌 뚱뚱한 남자를 가리키며 말했다.

"아닌데. 조컵은 내가 잡았는데."

"누가 진짜 조컵이지?"

경찰들은 헷갈렸다.

소장은 지명 수배범 사진을 들고 두 사람에게 다가왔다. 위기
의 순간 라후드는 아싸의 분석 결과를 떠올렸다.

'지구인은 겉모습, 특히 얼굴의 사소한 차이를 구별한다.'

라후드는 한쪽 눈에 진한 쌍꺼풀을 만들었다.

"아니네. 진짜 조컵은 험상궂은 인상인데, 이분은 인상이 아주 유머러스하잖아. 김 순경, 선량한 시민께 어서 사과 드려."

역시나 소장은 라후드 얼굴의 작은 차이를 알아보았다.

밤이 깊었다. 아우레 탐사대는 우주공원의 구석진 벤치 옆 임시 본부인 텐트에 모였다. 오로라가 물었다.

"지구 1일차 보고서는 누가 쓰지?"

"내가 쓴다."

뜻밖에도 첫날부터 만신창이가 된 라후드가 자원했다. 라후드의 첫 보고서는 아우레 행성에 큰 충격을 주었다.

지구인 변신 첫날, 미세한 외형 차이도 주의해라

 2019년 5월 6일   아우레 7385년 17월 46일   작성자: 오로라

**지구
사건
개요**

* 지구인으로의 첫 변신은 그럭저럭 성공한 것 같다는 평가. 옷이 꽉 조여 매우 불편함. 향후 폴리머스판실론 재질을 사용해 다시 제작해야 할 것 같다.
* 지구인들의 전파 천문대에 외계인 연구소가 있는데, 우리 행성 과학 연구소에 비하면 수준이 떨어지지만, 똑똑한 지구인들이 모여 있는 듯 보인다. 이곳 외계인 추적대의 위협을 받기도 했다. 앞으로 주의해야 한다.
* 우리 탐사대는 지구인들이 많은 공원에 첫 번째 기지를 건설하는 데 성공. 지구 어린이들의 도움을 받아 적절한 모습으로 변신하는 데도 성공. 그들을 잘 활용해야겠다.
* 탐사대의 행동 강령에 익숙하지 않은 라후드는 경고가 필요. 아우레 행성 차원에서 조치해 주면 좋을 듯. 라후드는 계속 지구인들 눈에 띄었고, 결국 '경찰관'이라는 지구 경비대에게 붙잡히고 말았다. 앞으로 걱정이다.

지구인들은 가족이 함께 거주한다

• 연구소에서 변신한 지구인의 모습은 공원에서 눈에 띄었고, 특히나 지구 어린이들이 우리의 외모에 호기심을 가짐.

• 공원에 있는 다른 지구인들을 관찰한 결과, 지구인들은 주로 유전자를 공유한 부모와 자녀로 구성된 가족들이 한집에서 가정을 이루어 사는 듯함. 가족당 평균 2.5명. 1~2인 가구가 55.3%, 3인 이상 가구가 44.7%임(2017년, 대한민국 기준). 네 명으로 구성된 탐사대는 눈에 띄지 않기 위해 지구인의 평범한 가족 구성원으로 역할을 나누어야 할 것 같음.

• 이곳 대한민국에서는 2018년 1년 동안 호모 사피엔스라 불리는 지구인이 326,800명 태어났음. 그동안에는 태어나는 인구가 더 많았으나, 그 수가 급격히 감소함. 아마도 조만간 인구가 줄어들 것으로 추정.

• 이들의 기대 수명은 겨우 83세. 지구의 의학이 아우레 행성 수준으로 발달하게 된다면,

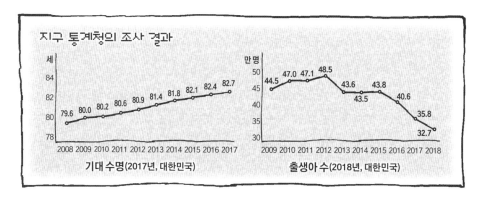

지구 통계청의 조사 결과

기대 수명(2017년, 대한민국)

세
84 — 79.6 80.0 80.2 80.6 80.9 81.4 81.8 82.1 82.4 82.7
82
80
78
2008 2009 2010 2011 2012 2013 2014 2015 2016 2017

출생아 수(2018년, 대한민국)

만 명
50 — 44.5 47.0 47.1 48.5 43.6 43.8 40.6 35.8 32.7
45
40
35
30
2009 2010 2011 2012 2013 2014 2015 2016 2017 2018

지구의 인구는 38배 이상 늘어날 것으로 추정. 아직 지구의 과학과 의학이 발달하지 않은 것이 우리로서는 다행.

지구인들은 외모의 작은 차이를 구분한다

- 지구인들의 키는 성인의 경우 150~190cm 사이에 대부분 모여 있음. 몸무게는 40~100kg 사이에 집중. 변이 차이가 생각보다 작음. 아마도 지구 중력이 일정하고 환경 변화도 작아서 그런 것으로 보임.
- 남성이 여성보다 평균적으로 키와 몸무게 측면에서 다소 큼. 몸 구조는 몸의 중심인 몸통에 머리와 두 쌍의 팔다리가 붙어 있는 형상. 매우 우스꽝스러움. 머리에는 머리털이 있고, 얼굴에는 눈 두 개, 코 하나, 입 하나, 귀 두 개를 공통적으로 가지고 있음. 아우린들과 비교하면 얼굴 외모의 변화가 크지 않음.
- 흥미로운 건, 그럼에도 불구하고 지구인들은 서로를 알아보는 데 어려움이 없어 보임. 눈, 코, 입의 크기와 모양, 위치뿐만 아니라 눈꺼풀의 주름 개수와 피부의 검은 점 등 사소한 차이로 서로를 구분할 수 있는 듯. 심지어 이런 작은 차이로 "얼굴 인식" 기술을 개발해서, 개인 정보가 고스란히 담겨 있는 스마트폰에 얼굴을 들이대면 본인인지 인식해 줌.

지구인의 얼굴 인식 기술

카메라를 이용해 얼굴에 3만 개 이상의 도트(dot)를 투사해 얼굴 맵을 만들고, 얼굴의 굴곡이 만들어 내는 깊이를 측정해 얼굴을 구분한다.

지구인에게 시각이란?

- 지구인이 정보를 받아들여 처리하는 가장 중요한 정보 처리 기관은 머리 안쪽에 위치한 '뇌'로 보임. 단단한 머리뼈로 둘러싸여 있는 세포 덩어리. 무게 1.4kg, 부피 1300~1500cc. 지구인들의 운동과 감각 정보 처리, 언어와 학습 등을 담당하는 것으로 보임.

- 지구인들은 시각과 청각, 촉각, 후각, 미각 등 다섯 가지 감각을 사용해 사물을 판단하는 것으로 관찰됨. 아우레인들처럼 각 생물체가 가지고 있는 고유한 파장을 인지하지는 못하는 것처럼 보임. 그래서 상대를 보았을 때 가장 먼저 감각되는 시각 자극에 크게 의존하는 것으로 판단됨.

- 우리는 지구인들의 뇌 활동이 인지됨. 따라서 향후 지구인들의 뇌 활동이 어떻게 행동을 만들어 내는지 설명할 수 있을 것으로 판단됨. 지구인은 눈으로 받아들인 정보를 '대뇌 후두엽'으로 전달하고 거기서 정보를 처리함. 이와 함께 뇌 오른쪽 귀 옆의 '측두엽'이 함께 작동하는데, 특히 이 영역은 '얼굴'을 알아볼 수 있게 전문화된 영역을 포함하고 있음. 지구인이 다른 지구인을 만났을 때 가장 먼저 얼굴을 보고 판단하는 것은 이곳 뇌 영역의 정보 처리 기능과 관계가 있어 보임.

- 지구인은 주변의 사물에서도 '지구인의 얼굴'과 비슷한 모습을 찾으려는 경향이 있음. 구름의 패턴에서 사람 얼굴을 보기도 함. 납득하기 힘든 이상한 행동임. 아마도 지구인들은 친구와 적을 구분하고, 타인의 얼굴 표정을 해석해 나에게 적대감이 있는지 의도를 파악하는 것이 생존에 꼭 필요했기 때문으로 보임.

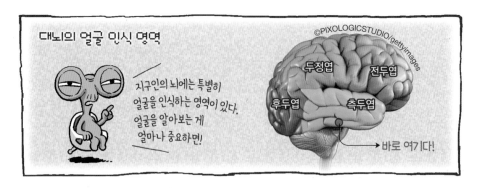

대뇌의 얼굴 인식 영역

©PIXOLOGICSTUDIO/gettyimages

지구인의 뇌에는 특별히 얼굴을 인식하는 영역이 있다. 얼굴을 알아보는 게 얼마나 중요하면!

두정엽　전두엽　후두엽　측두엽

→ 바로 여기다!

3

집을 구할 수 있는
외모는 따로 있다

지구인들은
외모로 차별한다

지구에서의 첫 번째 밤이 깊었다. 라후드는 지구인 경찰에 잡혀가지 않기 위해 새로운 모습으로 바꾸었다. 이번엔 좀 더 통통하게. 그래도 답답했다. 지구인 슈트를 당장 벗어 던지고 싶었다.

"이거 벗으면 안 되나? 지구인들도 없는데."

어느덧 떠들썩했던 지구인들은 사라졌다. 하지만 어디서 불쑥 나타날지 몰라 안심할 수 없었다. 한참 주위를 경계하던 오로라는 이상하다고 생각했다.

"한밤중에 공원에 머무르는 것은 지구인 같지 않은 행동인가?"

오로라와 아싸는 벤치에 앉아 지구의 모든 정보가 들어 있는 인터넷에 접속했다.

"지구인은 다 집에 갔다. 공원의 텐트는 지구인의 집이 아니다. 놀이나 휴식을 위한 임시 거처일 뿐이다."

"그렇다면 우리도 집을 구해야 한다."

후드득. 어두운 하늘에서 갑자기 물방울이 떨어졌다.

"위험해!"

아우린들은 성분을 알 수 없는 물방울을 피해 재빨리 텐트로

들어갔다. 조심스럽게 이 물방울의 정체를 분석했다.

"지구에는 보호막이 없는 거냐?"

물방울의 정체는 비. 물은 지구의 70%를 이룬다.

유독 성분은 없는가?

지구 대기 성분과 우주 성분이 극미량 녹아 있다. 약산성으로 크게 해롭지 않다.

아우레 행성에는 비가 내리지 않았다. 우주에서 파괴된 우주 물질이 하루 종일 떨어졌지만, 단단하고 투명한 보호막이 도시를 완벽하게 보호했다.

그런데 지구는 빗방울 하나 막지 못하는 시스템이라니. 이런 행성에 아우린들이 이주하여 살 수 있을까.

그때 아싸가 새로운 정보를 찾아냈다.

"지구에도 보호막이 있다. 대기권. 대기권 덕분에 태양계에서 유일하게 지구에만 생명체가 살 수 있다."

"그런데 왜 비를 못 막아?"

라후드는 이해할 수 없었다.

지구의 대기권은 태양에서 나오는 해로운 자외선을 흡수하고, 태양열을 지구에 고루 퍼지게 한다. 지구로 떨어지는 운석을 태워 없앤다. 낮 동안 지구에서 나오는 열을 흡수하여 밤에도 지구가 얼지 않게 보온한다.

"비는 대기권 아래에서 일어나는 현상이다. 대기권이 있기 때문에 물이 증발하지 않고 비를 만들어 낸다. 대기권 아래에서 일어나는 현상은 지구인이 알아서 피해야 한다."

비는 점점 더 쏟아졌다. 텐트로 쏟아지는 굵은 빗방울 소리를 들으며 아우린들은 꼴딱 밤을 샜다.

날이 밝아지면서 비도 그쳤다. 공기는 맑고 투명했고 햇살은 따스했다. 오로라는 쫄딱 젖은 옷을 비틀어 짰다. 라후드는 흠뻑 젖은 털을 흔들어 털었다. 바바는 하라하라를 이용해 망가진 임시 본부를 원자 상태로 해체하여 소멸시켰다. 지구의 어디에도 아우린의 흔적을 남기면 안 된다.

"좋아, 어서 임무를 시작하자."

겨우 하룻밤 노숙으로 아우린들의 몰골은 말이 아니었다. 추
레하게 구겨진 옷과 부스스한 머리, 퀴퀴한 냄새까지…… 출
근길의 깔끔한 지구인들은 더럽고 퀴퀴한 냄새가 나는 아우린
들을 슬금슬금 피했다.

아우린들은 그런 사정도 모르고 거리로 나섰다.

가장 먼저 할 일은 아우레인의 모습으로 쉴 수 있는 집을 마련하는 것. 지구에서는 집을 지구국이나 정보국에서 지급하지 않았다. 공인 중개소라는 곳을 통해 돈을 주고 개개인이 알아서 구해야 한단다.

"돈? 우린 없잖아."

마음 급한 라후드가 서둘렀다.

"돈은 없지만 하라하라가 있다."

아우린들은 눈에 띄지 않는 작은 골목 사이로 들어갔다. 그리고 가능한 많은 돈을 만들었다. 얼마나 필요할지 모르니까.

아우린들은 하라하라로 만든 돈을, 하라하라로 만든 가방 두 개에 넣었다. 준비 완료! 오로라와 라후드가 가방을 하나씩 들고 바로 앞에 보이는 '대박부동산'의 문을 열었다.

집이
필요하다.

네? 집…
어떤 집을…?

깜짝이야. 돈도 없게
생겼는데, 대체 무슨
집이 필요한 걸까?

밖에서 절대
못 보는 집.
꽉 막힌 집.

네? 요즘
꽉 막힌 집은
없는데….

혹시 수상한
범죄자?

안 돼! 아무도
나를 보면 안 돼.

집 마련 임무는 쉽지 않았다. 아우레 탐사대는 세 번이나 실패했다. 지구인들은 왜 집을 내주지 않는가? 집을 얻기 위한 특별한 절차라도 있는 것인가? 아우린들이 고민에 빠져 있을 때 마침 집을 사고 나오는 지구인이 보였다.

"정말 좋은 집을 사셨어요. 복이 넝쿨째 굴러 들어올 집이에요."

부동산 남자는 집을 산 지구인에게 친절하게 인사했다.

"집을 산 저 지구인들과 집을 못 산 우리의 다른 점이 무엇인가?"

오로라는 지구인과 자신들의 모습을 비교해 보았다.

저들과 아우린들의 다른 점······. 도저히 찾을 수가 없었다.

"잘 모르겠으니 집을 산 지구인들과 똑같이 변신하자."

라후드는 결사반대했다. 지금도 답답해 미칠 지경인데 저들처럼 변하면······.

"안 돼! 저들은 너무 가늘다. 저렇게 변신하면 난 숨을 쉬지 못해 죽을 거다."

오로라는 정말 이 번거로운 탐사대원을 보내 버리고 싶었다. 하지만 우주선이 없으니······.

"그럼 일단 옷만 바꾸어 입는다. 지구인은 외모의 사소한 변화도 알아차리니 효과가 있을지도 모른다."

어서 오….

엥? 방금 전 손님이랑 똑같은 옷이네. 유행인가?

집이 필요하다!

어떤 집이 필요하신가요?

주상 복합? 정원이 있는 넓은 주택? 타운 하우스?

옷을 바꿔 입으니 대접이 다르군.

설마 옷으로 차별하는 거야?

꽉 막힌 집. 아무도 나를 못 보는 집.

그렇군.
아까 거기로
다시 간다.

잘 생각하셨습니다.
많이 다녀 봐야
소용없어요. 이렇게
좋은 집은….

땅

스으윽

이곳을
벗어나라!

위험 감지!

검은 양복, 검은 선글라스의 지구인 남자들. 지구 시간으로 1일 전 연구소에서 본 외계인 추적자들이다. 여기까지 쫓아오다니! 아우린들은 추적자를 따돌리기 위해 뛰었다. 잡히면 지구 탐사라는 중대한 임무는 실패다. 탐사대의 손에 아우레 행성의 마지막 기회가 달려 있는데……. 그건 안 된다. 무엇보다, 그전에 탐사대의 목숨이 위태로워질 것이다.

금 사장도 뛰었다. 저 사람들이 갑자기 왜 뛰는지는 몰랐지만 이대로 계약을 놓칠 수는 없었다. 현금 다발을 싸 들고 와서 집을 계약하겠다는 손님은 날마다 오는 게 아니니까.

혁혁거리며 고객의 뒤를 쫓아가던 금 사장은 결국 길바닥에 주저앉았다.

"어휴, 계약이고 뭐고 내가 먼저 죽겠네. 다시 와도 집을 파나 봐라. 이상한 사람들이야, 진짜."

금 사장은 터덜터덜 사무실로 돌아왔다.

금 사장은 당황했지만 애써 미소를 지었다.

'생긴 건 멀쩡한데 이상한 애야. 꼬박꼬박 반말에 쓰는 단어 도 이상하고…… 외국에서 왔나?'

이상한 아이의 엄마가 딱 부러지게 말했다.

"그 집은 싫다. 절대 안 된다. 못 간다."

"아하! 아파트를 싫어하시는군요. 좀 더 자연 친화적인 집을 찾으시나? 하긴 아파트가 은근히 사생활 보장이 안 되기는 해요. 성냥갑처럼 따닥따닥 붙어 있고, 엘리베이터에서 옆집 사람을 만날 수도 있고요. 그렇다면……."

금 사장은 이상한 가족에게 딱 알맞은 집을 떠올렸다.

조그만 마당이 있는 단독 주택. 제법 큰 나무들이 담을 둘러싸고 있어서 집 안이 들여다보이지 않는 집이었다. 하지만 조금, 꽤, 많이 낡아서 그런지, 몇 달째 팔리지 않아 금 사장의 골칫거리이기도 했다.

겉보기엔 이래도 안은 얼마나 괜찮다고요.

그날 밤, 그 집과 옆집에 사는 모든 존재들은 행복했다.

금 사장은 오랫동안 안 나가던 낡은 집을 팔아서 아주 만족했다.

아우레 탐사대는 가구 하나, 이불 하나 없는 방에 편히 누웠다. 외모로 사람을 차별하지 않는 바퀴벌레와 집게벌레와 곱등이와 거미들과 함께하는 평화로운 밤이었다.

지구 거주지 구하기

 2019년 5월 7일   아우레 7385년 17월 51일   작성자: 바바

**지구
사건
개요**

* 밤사이 지구에서 만든 첫 번째 거주지가 무너졌다. 이유는 지구 보호막(대기권) 아래에서 일어나는 '강우 현상' 때문. 새로운 거주지가 필요함.
* 지구인들의 주요 거주 지역에 새로운 기지를 건설하기로 하고, 지구인들이 거주지를 사고파는 '공인 중개소'라는 곳에 방문.
* 거주지를 구하려면 '돈'이 필요하다는 사실을 알게 됨. 공인 중개소에서 세 번이나 쫓겨남. 집을 사는 데는 돈 외에도 여러 가지 조건이 필요하다는 것도 알게 됨. 지구인들은 매우 복잡하고 번거롭게 거주지를 이동함.

지구에서 집을 사는 방법

● 지구에서 집을 사려면 공인 중개소라는 곳에 가서 공인 중개사를 만나야 함. 이때 지구인들은 겉모습으로 우리가 좋은 집을 살 수 있는지 없는지 빠르게 판단함. 그러니 비싼 옷을 입고 방문해야 그들에게 친절을 받아 낼 수 있음.

● 옷이랑 재산은 비례하지 않는데, 옷차림으로 집을 살 능력이 있는지 없는지 판단하는 지

지구에 처음 도착한
아우레인들은 반드시
오른쪽의 옷을 입을 것

집 구하기에 실패한 옷   집 구하기에 성공한 옷

구인들을 이해하기 어려움. 지구에서 집을 사는 데 꼭 필요한 것 두 가지: 돈과 옷차림 (다이아몬드 반지와 금팔찌도 도움이 될 것으로 추정)

- 하지만 이번에도 첫 번째 집은 실패! 외계인 추적대에게 이동을 들켜 버린 것으로 판단. 다음 집은 좀 더 신중하게 고르기로 함. 최대한 동선을 숨기고, 다시 공인 중개소로 돌아옴.
- 다행히 우리의 발은 지구인보다 빨랐고, 두려움을 느낀 라후드 도 전력을 다해 뛰었음. 안 넘어진 게 다행.

지구 기지를 구입하다

- 다른 지구인들의 눈에 띄지 않을 거주지를 마련하는 데 성공. 나무가 많은 2층집. 집 주변의 키 큰 나무들이 우리의 본모습을 가려 줄 것으로 기대. 지구인들이 볼 수 있는 빛의 파장은 제한적이며, 벽이나 나무 등을 투과해서 보는 능력이 없음. 매우 다행.
- 1층에만 출입문이 있어서 2층은 안전해 보임. 집 안에는 다양한 생명체들(세균, 박테리아, 곤충 등)이 살고 있음. 지구인뿐만 아니라 다른 생명체도 관찰할 수 있어 유익함.
- 그러나 금 사장은 그 생명체들이 우리가 집을 구입한 뒤에도 나가지 않자 매우 미안해 함. 우리가 그들을 좋아한다는 사실에 금 사장도 안도. 지구의 작은 생명체들에게 우리와 함께 집을 사용하는 것에 대한 비용을 지불하라고 하지는 않을 계획임.

아우레 탐사대의 지구 기지 1호

키 큰 나무가 외부의 시선을 가려 준다.

지구인은 1층의 문으로 드나든다.

2층이 1층보다 안전하다.

이곳을 통해 바깥의 지구인을 감시할 수 있다.

지구인에게 돈이란?

- 지구인은 겉모습으로 많은 정보를 알 수 있다고 생각하는 듯 보임. 따라서 지구인들 속으로 침투하기 위해서는 겉모습을 신중하게 선택해야 함. 특히 돈이 많아 보이는 겉모습을 지나치게 좋아함. 돈이 많은 사람을 성공한 사람이라고 생각하기 때문인 듯. 아마도 지구인들이 살아가는 데 필요한 것들을 돈을 주고 구입할 수 있기 때문으로 보임. 진짜 소중한 건 돈으로 구입할 수 없다는 사실을 인지하지 못하는 것 같음. 매우 어리석음.

- 지구 행성은 지구인들에게 아무것도 지급하지 않기 때문에, 지구인들은 필요한 것을 대부분 스스로 구해야 함. 배가 고프면 음식을 사서 먹어야 하고, 거주지를 구하기 위해서는 집을 사거나 빌려야 함. 몸을 가리기 위해 옷도 구입. 이 모든 것을 해결하는 데는 돈이 필요. 노동을 통해서 돈을 구하는 것으로 판단됨.

- 숨을 쉬는 데 필요한 공기는 공짜. 이게 진짜 소중한 건데! 이건 공짜라서 지구인들은 소중함을 모르고 함부로 더럽히고 있음. 물도 예전에는 공짜였다가 이제는 깨끗한 물을 돈 주고 사 먹는 듯.

- 지구인들은 지구의 모든 사물, 심지어는 땅이나 나무, 과일 같은 자연에도 가치를 매기고 돈과 숫자로 계산. 이 때문에 돈을 최고의 가치로 여기는 '물질 만능주의'가 팽배. 우리로서는 다행. 하라하라만 있다면 돈은 필요한 만큼 가질 수 있으니. 지구에 올 때는 절대 하라하라를 잊지 말 것!

4

첫인상은
중요하다

지구인은 외모가 능력과
관계있다고 생각한다

다음 날 아침, 밖에서 웽웽대는 소리에 놀란 아우린들은 벌떡 일어났다. 창밖으로 눈만 슬쩍 내밀고 보니 마당에 금 사장이 서 있었다. 날카로운 도구로 아우레 탐사대의 사생활을 지켜 주는 나뭇가지를 슥슥 잘라 내면서.

"저 지구인이 우리 집을 침입했다."

"혹시 외계인 추적자?"

아우린들은 후다닥 지구인 슈트를 입었다. 막 밖으로 뛰쳐나가려는 순간 똑똑 소리와 동시에 벌컥 문이 열렸다.

"누구?"

오로라가 하라하라를 들고 외쳤다. 여차하면 소멸시킨다.

"아유, 깜짝이야. 문이 열려 있어서……, 다들 일어났지? 난 줍줍할매여. 옆집 사는. 금 사장이 우리 사위야."

나이가 많고, 힘이 없어 보이는 여자 지구인. 당장 소멸시킬 필요는 없어 보였다. 오로라는 경계를 늦추지 않고 물었다.

"우리 본부에 침입한 까닭은?"

"본부? 침입? 재밌는 양반들이 구먼."

줍줍할매는 슬금슬금 집 안으로 들어와 앉았다.

"아이고, 문도 안 잠그고 잤어? 도둑 들면 어쩌려고. 하긴 아직 이삿짐도 안 들였으니 훔쳐 갈 것도 없긴 하겠네."

허락도 없이 침입한 줍줍할매가 걱정할 일은 아니었다.

"집 안이 휑하네. 이삿짐은 오늘 들어오나? 뭐 좀 도와줘?"

갑작스러운 줍줍할매와 금 사장의 등장은 아우레 탐사대를 혼란에 빠뜨렸다. 아싸는 지구인의 이웃 문화를 검색했다.

'지구인들은 때때로 이웃의 집에 방문한다.'

그렇다면 탐사대의 지구 본부도 100% 안전하지 않다. 지구인 슈트는 아우린들뿐 아니라 지구 본부에도 필요하다.

2층을 탐사대의 비밀 본부로 변신시킨다. 필요한 것은?

일단 창문 가리개부터 만들자.

슈웅

슈웅

아우레 행성과 연결할 통신 장치가 먼저다.

네 발로 다니는 지구 동물 슈트 하나 만들어 줘.

잠이 편해야지. 아우린 공학적 침대부터.

탐사대 비밀 본부는 금세 완성되었다. 다음은 1층. 지구 방식대로 집 꾸미기. 아싸는 지구에서 가장 평범한 인테리어 정보를 찾았다.

"거실 한가운데에는 소파를, 그 반대편에는 텔레비전을 놓는다. 어린이가 있는 집에는 TV 옆에 큰 책장을 놓고, 창가에 커다란 화분을 놓고……."

바바는 TV라는 것을 만들기 위해 하라하라를 조작했다. 갑자기 하라하라에서 파파팟 경고의 빛이 번쩍였다. 바바는 일단 하라하라를 껐다.

"음, 지구의 물건들 중 어떤 것은 만들기 어렵다. 어쩌지?"

"돈을 만들어. 지구 물건은 돈으로 사면 된다."

라후드가 처음으로 쓸 만한 생각을 해냈다.

"라후드 똑똑하다. 지구인 같다."

"외계 문명 탐험가에게 이 정도는 기본이지."

아우레 탐사대는 돈 가방에 하라하라까지 챙겨 들고 밖으로 나갔다. 돈이 더 필요하면 바로 만들 수 있게.

아우레 탐사대는 가구점, 전자 제품 상점, 마트 등을 돌며 필요한 것을 사들였다. 필요한 물품을 신청하면 중앙 센터에서 지급해 주는 아우레와 달리 직접 돈을 내고 물건을 사는 지구의 쇼핑은 은근히 재미있었다.

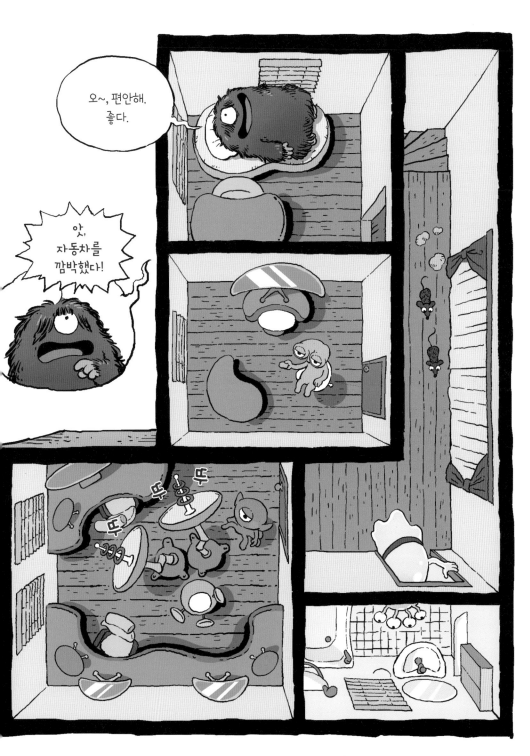

그게 꼭 필요해?

날지도 못한다.

빠르지도 않고.

걷는 것보다 더 빨라. 더 편하고. 지구인들은 가까운 데도 자동차를 타고 가. 밖에 나가 봐. 자동차가 얼마나 많은지.

빵 빵 부 우 웅

냄새가 안 좋다.

너무 커. 놔둘 데도 없는데.

외계인으로 의심 받아도 상관없어?

지구는 아우레랑 달라서 걷기 힘들다고.

그럴 순 없지. 사.

돈을 또 만들어야겠네. 하라하라 어딨어?

몰라. 어딨어?

모두 찾아봐.

하라하라가 사라졌다!

꺄!

위기다! 어서 돌아가서 대책을 세우자.

아우레 탐사대는 절망에 빠졌다. 하라하라를 찾지 못하면 필요한 것을 만들 수 없다. 지구 탐사고 뭐고 다 틀렸다. 오로라는 상황을 체크했다.

　"현재 가능한 것은?"

　"아우레 행성과 통신. 하지만 하라하라가 없으니 한 번 고장 나면 재개가 어렵다."

　"일단 현재 상황을 아우레에 알려라. 되도록 빨리 데리러 오라고."

　"우리에게 남은 물품은 지구인 슈트뿐이다. 인간형 네 개. 동물형 한 개. 동물형 슈트를 만들어 놓길 잘했다."

　"그럼 이젠 어쩌지? 진짜 지구인처럼 살 수도 없고."

라후드의 말이 옳았다. 아우레 탐사대의 임무는 지구인으로 위장하여 지구인처럼 살면서 지구를 탐사하는 것이다. 진짜 지구인처럼 살려면 하라하라가 없는 게 맞다.

"지구에서 살아가기 위해서는 돈이 필요하다. 돈을 가지려면 일을 해야 한다."

탐사대는 일자리를 찾아 거리로 나섰다. 몇 시간 동안 거리를 헤맸지만, 결국 실패한 채 집으로 돌아왔다.

"어디 다녀오나 봐?"

마침 지나가던 줍줍할매가 물었다. 라후드는 풀 죽은 목소리로 대답했다.

"일을 구해야 한다. 돈이 필요하다."

"근데 못 구했죠?"

줍줍할매 옆에 있던 어린 지구인이 우렁차게 물었다. 오로라가 깜짝 놀라 물었다.

"어떻게 알았지?"

"얼굴만 딱 봐도 알죠."

'지구인은 얼굴에서 아주 많은 정보를 얻는군. 늘 맞는 건 아니지만, 어쨌든 이번에는 맞다. 실패했다.'

돌아서는 아우린들을 향해 어린 지구인이 소리쳤다.

"난 써니예요. 5학년. 쟤는 몇 학년이에요?"

아우린들이 놀라서 돌아보았다. 전혀 예상하지 못한 질문이
었지만 다행히 아싸가 영리하게 답했다.

"너랑 같은 학년."

"와~, 반갑다! 친구야."

써니는 아싸의 손을 덥석 잡아 흔들더니 발랄하게 말했다.

"내가 일자리 하나 아는데. 우리 엄마 미용실에서 사람을 뽑
거든요. 바로 요 앞이에요. 한번 가 보세요. 전 아줌마네 집에서
애랑 놀고 있을게요."

써니는 오로라와 라후드를 떠밀고, 아싸의 손을 끌어 아우린
의 집으로 들어갔다. 지구인의 방문에 대비해 놓길 참으로 잘
했다.

위니 미용실

어서 오세요~ .

사람 구해 왔어. 옆집에 이사 온 라후드와 오로라야. 일자리를 구한대.

무엇을 하는 곳이냐?

여긴 미용실⋯. 아, 와서 무슨 일 하면 되냐고요?

제가 손님들 머리 손질할 때 옆에서 도와주면 돼요.

머리 손질? 나도 머리에 털 많다. 이거 봐.

네에, 머리숱이 많네요. 손질할 때도 된 거 같고⋯.

어때요, 여기서 일할 생각 있어요? 센스 있게 생기셔서 나는 딱 마음에 드는데⋯.

나?

나도 마음에 든다.
나 여기서 일한다.

아저씨는 안 돼요.
전 오로라에게
제안한 거라고요.

라훈드 시켜.
우리 중 아무나
일만 하면 되니까.

왜? 왜 나는
안 돼?

오로라가
훨씬 잘하게
생겼으니까요.

그걸 어떻게
알아?

딱 보면 알죠.
이런 일 오래 하다 보면
걸모습만 봐도 능력, 직업,
성격을 다 알아맞힌다고요.

오로라는 미용실에
딱 맞는 인재예요.
손님들이 좋아할 인상이고요.
특히 손끝이 야물고
손재주가 뛰어나
보여요.

이제는 아우린들도 지구인들이 겉모습으로 얼마나 많은 정보를 판단하는지 안다. 하지만 겉모습으로 능력까지 알아맞힌다고? 믿을 수 없었다. 특히 겉모습 때문에 일자리를 놓치게 생긴 라후드는.

"위니 원장의 말을 믿을 수 없다."

위니 원장은 갑자기 밖으로 나갔다.

'틀렸다. 저 애는 똑똑한 외계인 과학자야.'

얼굴만 보고 능력, 직업, 성격을 다 안다는 위니 원장의 말은
틀렸다. 라후드는 위니 원장에게 당당하게 요구했다.

"나와 오로라의 능력을 직접 보고 결정해라."

결국 난데없는 미용 보조 대결이 펼쳐졌다.

미용 보조 대결의 승자는 라후드였다.

그래도 위니 원장은 불곰을 닮은 남자를 미용 보조로 뽑고 싶지 않았다. 도도하긴 해도 스타일이 멋진 오로라가 미용실의 분위기를 훨씬 살려 줄 것 같았다. 하지만 옆집 사는 처지에 라후드를 매몰차게 거절하기도 곤란했다.

"일을 잘……하긴 하시네요.

"그렇지? 오로라보다 내가 잘하는 것도 있지? 하하하."

라후드는 기뻐서 펄쩍 뛰다가 그만 이동 선반에 부딪히고 말았다. 와장창 선반은 부서지고 미용 도구가 사방에 흩어졌다. 라후드는 떨어진 물건들을 주우려다가 다른 선반까지 넘어뜨리고 말았다.

"아휴, 라후드는 힘이 너무 세서 안 되겠네요. 역시 미용 보조는 오로라가 좋겠어요. 아님 말든지."

결국 오로라가 위니 미용실에 취직했다. 진짜 지구인처럼 직업을 갖게 되었다. 하지만 오로라는 지구인과 직접 접촉이 많은 미용 보조 일이 마음에 들지 않았다.

"그게 바로 진짜 지구인다운 점이다. 많은 지구인들이 자신이 하는 일을 좋아하지 않는다."

아싸가 새로운 정보를 알려 주었다.

지구인의 뇌 구조와 거주자 해부

🌍 2019년 5월 8일 🧠 아우레 7385년 17월 56일 작성자: 라후드

**지구
사건
개요**

* 지구에 도착한 지 3지구일 만에 하라하라를 분실. 지구인 슈트에 간단한 변신 기능이 있다는 것과 거주지를 지구인 스타일로 만드는 데 필요한 것들은 대부분 이미 구한 것이 다행. 그러나 앞으로의 생활을 위해 돈을 벌어야 함.

* 직업을 갖는 것은 지구인으로 위장하기 위해서도 꼭 필요. 위니 미용실에서 직원을 구한다는 소식에 찾아갔지만, 위니 원장은 외모만 보고 오로라를 뽑고 싶어 했음. 내가 더 잘할 수 있다는 것을 보여 주어도 마찬가지. 대체 지구인에게 외모란 어떤 의미일까? 지구인들은 정말 이해하기 어려움.

지구인들은 외모로 능력을 판단한다

- 한 번 더 얘기하지만, 지구인들은 정말정말 시각 기능 중심으로 사고하는 것 같음. 특히 얼굴의 생김새를 매우 중시함. 지구인들은 외모가 훌륭하다고 판단되는 상대방을 만나면, 뇌의 보상 체계가 자극받아 기분을 좋게 만드는 도파민이나 세로토닌 같은 신경 전달 물질이 분비.

- 분비된 도파민은 쾌락의 핵심인 측좌핵, 기억을 담당하는 해마, 감정을 관장하는 편도체로 향하고, 도파민을 분비시킨 사건을 감정적으로 느끼고 기억하게 만듦. 이렇게 보상체계가 활성화되면, 매력적인 얼굴의 상대방이 능력도 좋을 것이라고 쉽게 판단해 버림. 매우 단순함.

- 실제로 지구인들의 자체 연구에 따르면, 외모가 출중한 사람들이 능력을 발휘할 기회를 더 많이 얻는 것으로 나타남. '외모의 호감도가 높은 사람들일수록 능력이 좋다.'는 결론이 나온 것은 지구인들이 주변 사람들의 말에 신경을 많이 쓰기 때문일 것으로 추정. '공부를 잘하게 생겼다.'거나 '능력 있어 보인다.' 같은 긍정적인 평가를 받는 사람들은 정

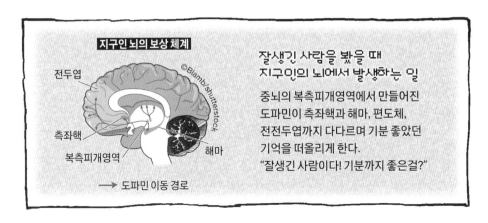

지구인 뇌의 보상 체계

전두엽

측좌핵

복측피개영역

해마

→ 도파민 이동 경로

©Biamb/shutterstock

잘생긴 사람을 봤을 때 지구인의 뇌에서 발생하는 일

중뇌의 복측피개영역에서 만들어진 도파민이 측좌핵과 해마, 편도체, 전전두엽까지 다다르며 기분 좋았던 기억을 떠올리게 한다.
"잘생긴 사람이다! 기분까지 좋은걸?"

말 그렇게 되기 위해 스스로 노력한 결과일 가능성이 높을 수 있음. 이런 현상을 지구인들은 '자기 충족적 예언'이라고 부름.

지구인들의 거주지에는 공통적인 특성이 있다

- 지구인들의 거주지는 크게 방과 거실, 욕실, 주방으로 나뉨. 보통 각 방은 사용자가 정해져 있고, 잠을 자거나 공부를 하거나 생각을 하는 공간. 욕실에서는 에너지원의 찌꺼기를 배출하고 신체를 닦음. 욕실은 사용자가 정해져 있지 않지만, 주로 한 명씩 사용.

- 주방과 거실은 공용 공간. 주방에는 각종 에너지원이 저장되어 있고, 음식을 해서 먹는 것으로 관찰됨. 음식물이 구석에 떨어져 오래 방치되면 미생물이 증식하여 지구의 새로운 생물을 만날 수 있음. 설레는 일! 주방은 벌레와 세균들이 가장 좋아하는 공간. 선선하고 습하고 먹을 게 많음. 하지만 지구인들은 그들을 만나는 걸 별로 안 좋아함.

- 거실은 가장 개방적인 공간. 보통 한쪽 벽면에는 텔레비전이 있고, 푹신한 소파를 둠. 지구인들은 주로 이곳에서 함께 앉아 있지만, 각자 원하는 것을 하는 경향도 강함. 텔레비전에서 송출되는 영상을 보거나 스마트폰으로 게임을 할 수도 있음. 이웃의 손님이 왔을 때 앉는 곳도 거실의 소파.

- 그러므로 거실에 있을 때는 절대 아우린의 모습으로 머물지 말 것. 지구인들은 종종 이웃의 집을 방문해서 이것저것 참견하고 간섭하기 좋아함. 다른 생명체의 마음을 별로 존중하지 않음.

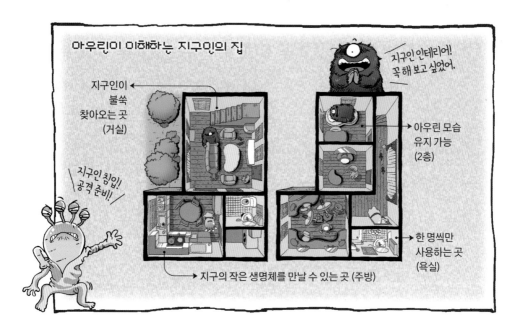

불쑥불쑥 끼어드는 지구인에게 익숙해질 것

- 지구인들은 문득문득 남의 일에 끼어들기를 좋아함. 남이 머무는 거주지에 무작정 찾아올 수도 있고, 지구인 슈트 때문에 힘겨워하고 있을 때 갑자기 도와주겠다고 말을 걸기도 함. 이럴 때는 절대 당황하지 말고, "잠시 기다리세요."라거나 "괜찮다." 같은 말로 생각할 시간을 벌어야 함. 지구인들은 매우 성가신 생명체!

- 지구인들은 원래 다른 사람의 일에 참견하는 것을 좋아하는 모양. 사회적 존재인 지구인들은 주변 사람들 사이에서 자신이 어떠한 역할을 한다는 안도감이 필요. 그렇지 않으면 자신의 존재에 불안감을 느끼고, 어떤 지구인들은 이러한 불안감 때문에 생존까지 위협받기도 함. 지구인이 불안에 떨지 않도록 적당히 참견을 받아들이기 바람. 아우린에게는 가장 적응하기 힘든 지점.

요 앞 미용실에서 사람 구한대. 소개해 줄까?

무슨 일 해?

짐이 아직 안 들어왔네?

5

잘생기면
감시받는다

지구인들이
호감을 갖는 외모는?

아싸는 아침부터 임무에 열중했다.

사라진 하라하라를 찾기 위해 인공위성을 움직여 동네 곳곳을 찍었다. 아우레 행성 최고의 과학자인 아싸에게는 어려운 일도 아니었다. 하지만 인공위성이 보내온 사진은 예상보다 흐렸다. 하라하라는 보이지 않았다.

아싸는 실망했다.

"아싸, 학교 가자."

느닷없이 들리는 써니의 우렁찬
목소리.

"학교는 어린 지구인들을 교육시키는 곳. 나는 필요 없다. 배울 것이 없다."

아싸는 딱 잘라 말했다.

"진짜? 너 천재야? 좋겠다~, 그래도 학교는 가야 해!"

"이유는?"

"어린이의 가혹한 운명이지. 안 그럼 부모님이 잡혀가거든. 초등학교는 의무 교육이잖아."

아우린들이 몰랐던 중요한 정보였다.

갑자기 오로라는 아싸의 가방을 챙겼다. 라후드는 아싸의 머리를 빗겼다. 길게 헝클어진 앞머리가 걷히자 아싸의 얼굴이 훤하게 드러났다.

어? 너!!

왜 이래?

흠~.

슈트 벗겨지겠다.
그 손을
놓아라….

쭈악

큰일 났다!
눈치챘나?

일단
붙잡아?

도망치자.

너 원래 이렇게
잘생겼었어?
어제랑 다른데?

'잘생겼다'는 게
무슨 말이냐?

겉모습이 특별히 보기 좋게 생겼다는 뜻.

또 외모 얘기군. 호들갑스럽다.

난 또 뭐라고.

난 안 간다. 필요 없다.

무슨 소리냐, 아싸. 어린이는 학교에 간다.

그렇다. 지구인의 당연한 의무를 해야지.

그래, 이런 걸로 정체를 들킬 순 없다.

가서 뭘 배우라고?

아우린들은 지구인의 이상한 대화를 이해할 수
없었다. 아우레 행성에서는 타고난 생김새를
평가하지 않았다. 할 수도 없었다. 외모를 평가하는
단어 자체가 없으니까.

학교 가는 내내 아싸는 자신을 쳐다보는 낯선 눈길에서 벗어날 수 없었다. 어린 지구인들은 아싸를 힐끔힐끔 쳐다보고, 저희들끼리 속닥속닥 속삭였다.

아싸는 그들의 눈길과 대화를 종합하여 '아싸는 잘생겼다. 잘생긴 지구인은 감시를 받는다.'는 결론을 냈다.

"하필이면 이런 얼굴로 변신하다니, 엄청난 실수다. 일단은 정체를 들키지 않게 지구인 노릇을 충실히 할 수밖에."

아싸는 지구인의 눈에 띄고 싶지 않았지만, '잘생긴 지구인'에게는 불가능한 일이었다.

체육 시간에는 운동장 한가운데에서 다툼이 벌어졌다.

"아싸는 우리 편이야!"

써니와 늘 같은 편이었던 준은 무턱대고 아싸를 뽑으려는 써니에게 화가 났다. 피구는 얼굴로 하는 게 아니라니까!

아싸도 써니와 친구들이 자신에게 물어보지도 않고, 무조건 잘할 거라고 생각하는 이유를 알 수 없었다. 무엇보다……

"그러니까 물어보고 뽑았어야지! 운동 잘할 다리라며?"

준은 써니에게 버럭 화를 냈다.

"나도 이렇게 못할 줄 몰랐지. 근데 왜 신경질이야? 질 수도 있지. 피구가 인생의 전부야?!"

그렇다. 피구가 인생의 전부는 아니다. 그러나 지구의 초등학생이 된 아싸에게 학교생활은 인생의 대부분이 되었다. 이유는 단 하나. '지구인과 비슷하게 보여야 한다!'

시간이 지날수록 학교에서 아싸를 쳐다보고 감탄하는 눈길은 줄었다. 아싸는 안심했다. 써니에게 깜짝 놀랄 소식을 듣기 전까지는.

"아싸, 네 팬 페이지 봤어? 나도 '아싸팬' 가입할까?"

'아싸팬' 속에는 아싸의 일거수일투족을 감시한 사진이 가득
했다.

"헉! 아싸팬은 왜 나를 미행하느냐?"

"그냥 네가 좋아서 그러겠지."

"그들은 나를 잘 알지도 못한다."

"음, 원래 얼굴 좀 되는 애들이 인기가 많잖아."

또 얼굴 이야기였다. 아싸는 정말로 이해할 수 없었다.

"내 외모가 무슨 상관이냐? 그들에게 무슨 이득이 되지?"

"이득은 무슨 이득! 그냥 보면 기분 좋고, 친해지고 싶고, 그
러다 보면 팬클럽도 만들고……. 다 그런 거 아니야?"

"아니다. 나는 그들에게 내 외모를 감상하고 평가할 권리를
주지 않았다."

아싸가 마스크를 집으려고 손을 뻗자, 아싸의 얼굴이 드러났다. 그 순간, 루이는 숨이 멎는 것 같았다. 아싸는 루이가 닮고 싶은 이상형, 바로 그 꿈의 얼굴이었다.

루이는 저도 모르게 아싸의 양 볼을 덥석 잡았다.

아싸는 지구인의 손아귀에서 벗어나려고 발버둥 쳤다. 루이는 아쉬운 한숨을 쉬며 아싸를 놓아주었다.

"농담이야. 네 얼굴을 훔치진 않을 테니 걱정 마. 근데 잘생긴 얼굴을 왜 가리려고? 그건 인류의 손실이야. 부럽다, 잘생겨서."

아싸는 고개를 절레절레 저었다. 지금껏 아싸는 외모 때문에 괴롭기만 했다.

"잘생겨서 좋은 게 도대체 뭐냐? 잘생긴 것은 재앙이다."

외모 지상주의

　루이의 생각은 틀렸다. 아싸는 우주의 행성을 열 곳도 넘게 가 봤지만, 겉모습으로 가치를 판단하는 곳은 지구뿐이다.
　"이봐, 지구인. 온 우주가 외모로 차별하진 않아. 지구만 그래."
　"정말?"
　루이의 작은 눈이 희망으로 빛났다.

역시 지구인 루이는 우주를 너무 모른다.

"외계인들은 지구를 침공하지 않는다."

"천만에. 외계인들이 바보야? 지구처럼 살기 좋은 곳을 그냥 두게? 어쩌면 외계인 선발대가 벌써 지구에 왔을지도 몰라. 그것도 우리 동네로."

이럴 수가! 설마 지구에 도착한 지 겨우 7지구일 만에 정체를 들키는 건가? 아싸의 목소리가 떨렸다.

"외계인이 왔다고 생각하는 이유는?"

그 순간 편의점 구석에서 컵라면을 먹던 정 박사가 귀를 쫑긋 세웠다.

"내가 며칠 전에 아주 수상한 물건을 주웠거든. 동글동글한
형태에 오로라 같은 빛이 나고 만지면 찌르르 전기가 통했어.
하도 이상해서 경찰서에 갖다줬는데 경찰도 그런 거 처음 본대.
외계의 물건이 분명해. 영화에서 비슷한 거 봤거든."

하라하라가 틀림없었다. 어서 본부로 돌아가 하라하라를 되
찾을 대책을 마련해야 한다. 아싸는 슬금슬금 뒷걸음질을 쳤다.

"꼬마야. 잠깐만! 너, 한참 어린 녀석이 계속 반말이다. 앞으
로는 꼭 형이라고 불러. 알았지? 잘생겨서 이번 한 번만 봐주는
거야."

아싸는 대답도 하지 않고 서둘러 편의점을 빠져나왔다.

'외모 지상주의의 피해자라고 야단이더니 잘생겨서 봐준다
고? 인간은 정말 이해할 수 없다.'

보고서 4

지구에서는 잘생기면 감시받는다

🌏 2019년 5월 12일　🪐 아우레 7385년 18월 3일　작성자: 아싸

**지구
사건
개요**

* 지구인들은 다른 사람에게 지나치게 관심이 많음. 특히 잘생겼다고 판단되는 지구인은 특별히 감시하고, 이 과정에서 알게 된 정보를 다른 사람들과 공유.

* 잘생긴 지구인이라고 판명된 나는 곳곳에서 지구인들에게 감시받고 있음. 지구인을 관찰해야 하는 입장에서 지구인의 감시를 받다니, 탐사대의 임무 수행에 큰 문제가 생길까 걱정됨.

* 편의점의 알바생 루이는 내 얼굴을 부러워함. 듣고 보니, 지구에서 잘생긴 사람이 갖는 장점도 무지 많은 듯. 이 얼굴을 그냥 두어야 할까?

지구 미인의 기준

- 지구인은 외모를 다른 사람을 판단하는 아주 중요한 정보로 취급함. 특히 얼굴이 핵심. 오늘 하루 가장 주목받은 나의 얼굴을 기준으로 볼 때, 지구인들은 이목구비가 또렷하고 매끄러운 피부를 가지고, 얼굴과 몸의 좌우가 대칭되는 형태에 호감을 느끼는 것 같음. 지구인들은 이러한 호감을 '매력'이라고도 부름.

- 지구인들은 수학적인 능력이 아우린들에 비해 현저히 떨어지지만, 호감을 느끼는 얼굴에 다양한 수학적 비율을 적용. 얼굴의 가로와 세로가 '1:1.618'이어야 한다거나, 이마 끝에서 눈썹 사이, 눈썹 사이에서 코끝, 코끝에서 턱끝까지 비율이 '1:1:1'이어야 한다는 등 지구인들은 얼굴에 수많은 선을 그리고 계산해서 잘생긴 얼굴의 황금비를 만들어 내고 있음. 내가 보기엔 기능적으로 하나도 안 중요함.

- 모든 순간 사람들의 감시를 받는 '연예인(TV에 나와 노래, 춤, 연기 등을 보여 주는 재능인들)'이라는 지구인들 중에서 이러한 황금비에 가까운 얼굴을 가진 사람이 많음.

- 추후 파견될 탐사대는 지구인 얼굴을 선택할 때, 이 비율을 절대 따르지 말 것. 탐사대와 지구인의 임무가 뒤바뀔 수 있음. 감시당함. 매우 불편함. 내가 겪어 봐서 앎.

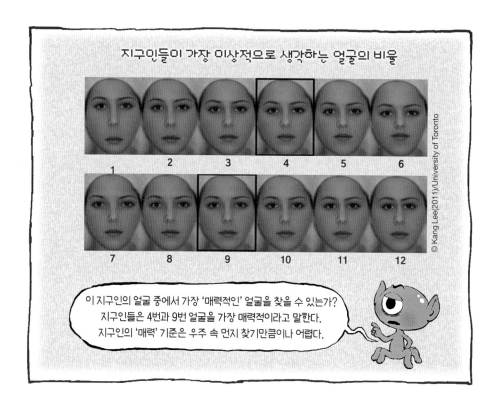

지구인들이 가장 이상적으로 생각하는 얼굴의 비율

© Kang Lee(2011)/University of Toronto

이 지구인의 얼굴 중에서 가장 '매력적인' 얼굴을 찾을 수 있는가?
지구인들은 4번과 9번 얼굴을 가장 매력적이라고 말한다.
지구인의 '매력' 기준은 우주 속 먼지 찾기만큼이나 어렵다.

지구인이 외모를 따지는 데는 이유가 있다

- 지구인들은 종족 보존을 매우 중요하게 생각하는 것으로 추정됨. 평균 기대 수명이 83세 정도이다 보니, 종족 보존을 위해 임신과 출산을 매우 중요한 생애 이벤트로 생각. 이 때문에 좋은 유전자를 가진 건강한 배우자와 짝을 이루는 것이 중요한 숙제. 이것은 지구인뿐만 아니라 종족 보존을 하는 모든 지구상의 생물들에게 공통적으로 나타나는 진화의 숙명.

- 지구인들이 외모에서 매력적이라고 생각하는 좌우 대칭의 요소는 아마도 그 개체가 건강상으로 결함이 없는 상태라는 것을 보여 주는 간접적인 지표로 생각하는 것 같음. 추후 추가 관찰과 분석이 필요함. 잘생긴 외모에 대한 호감과 유능할 것이라는 판단은 함께 아이를 가질 적합한 짝을 찾는 데 유용한 신호가 되는 것 같음. 이러다 나도 지구인 아이가 생길지 모름. 너무 잘생겨서.

지구인의 눈은 정직하지 않다

- 지구인들은 눈에 보이는 것을 전부라고 생각하는 경향이 강함. 본다는 것은 결국 그들의 뇌가 해석한 결과인데, 뇌가 아직 덜 발달된 상태이다 보니 실수가 많음.
- 지구인들 스스로도 이 사실을 알고 있음. 실제로 지구에도 뇌의 장난을 증명하기 위한 여러 가지 착시 실험이 있었음. 그러나 이 실험을 이해한다고 해도, 그들의 눈이 받아들인 정보를 해석하는 데 연결 지어 생각하는 것 같지는 않음. 왜 그러는지 모르겠음.

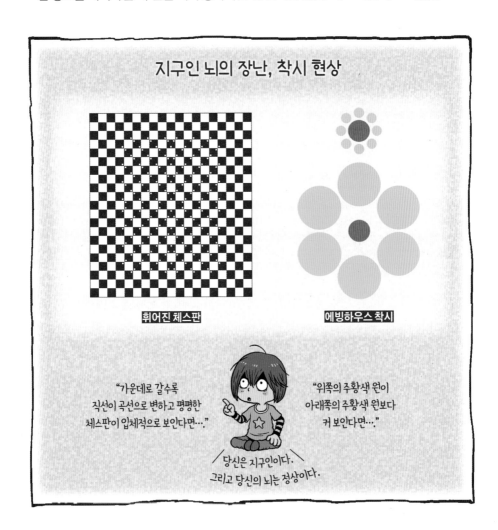

지구인 뇌의 장난, 착시 현상

휘어진 체스판

에빙하우스 착시

"가운데로 갈수록 직선이 곡선으로 변하고 평평한 체스판이 입체적으로 보인다면…"

"위쪽의 주황색 원이 아래쪽의 주황색 원보다 커 보인다면…"

당신은 지구인이다.
그리고 당신의 뇌는 정상이다.

6

복제 인간의
행성

지구인은 유행을 따른다

하라하라가 있다는 곳은 하필이면 경찰서. 지구에 온 첫날 라후드가 호되게 당했던 바로 그곳이었다.

지구인의 모습이 아니니 지구인과 다른 점을 들킬 걱정이 없었다. 유일하게 개로 변신할 수 있는 슈트가 있는 바바가 나서기로 했다.

　　아싸는 바바에게 개에 대한 정보를 알려 주었다.

　　"개는 기분 좋으면 꼬리를 살랑거리고 겁이 나면 꼬리를 다리 사이로 집어넣는다. 지구인이 쓰다듬으면 발랑 눕기도 한다. 개는 사람 말을 못 한다. 실수로 말을 하지 않도록."

　　"멍! 멍! 멍!"

　　바바는 진짜 개처럼 짖으며 집을 나섰다. 라후드가 따라와 손을 흔들었다.

　　"조심해. 내가 경찰서에 한번 가 봐서 아는데, 상당히 떨리는 곳이야."

경찰서에 도착한 바바는 아우린 통신 장치를 켰다. 하라하라의 전파를 감지하기 위해서였다. 하지만 지구인들이 하라하라에 무슨 짓을 했는지 아무 전파도 느껴지지 않았다.

'대체 어디 있을까?'

바바는 이곳저곳 기웃거렸다. 경찰서 안에 개라고는 한 마리도 없었다. 개들은 범죄를 저지르지 않는 모양이었다.

"외계에서 온 공 같은 거 봤어?"

마침내 바바의 귀에 하라하라에 대한 정보가 들렸다.

그 빛이 지구에는 존재하지 않는 방사선이래. 외계인 전문가들이 그 빛을 추적해서 찾아온 거라던데?

외계 방사선? 우리 괜찮은 거야? 외계인 병에 걸리는 거 아니지?

호어!

에이, 난 안 믿어. 세상에 외계인이 어딨어!

외계인은 있다. 바로 여기.

낑 낑

비상! 비상! 발각이다!

어? 웬 개야? 어떻게 들어왔지?

동물 보호소에 연락 좀 해 줘. 그 사이에 문제 생기지 않게, 잡아서 가둬 놓을게.

흠칫

가둔다고?

조용한 날이군. 엥…?

후 다 다

몇 시간이 지나도 바바는 돌아오지 않았다. 라후드는 안절부절 못하고 방 안을 서성였다.

"역시 경찰서는 위험하다. 하라하라를 찾으러 갔다가 바바까지 잡혔다."

"그럼 라후드가 가서 구해 와라."

아싸가 말했다. 다시는 경찰서 근처에도 가고 싶지 않은 라후드는 펄쩍 뛰었다.

"왜 나야?"

"난 어린이다. 지구 정보에 의하면 이런 일은 어른들이 처리한다. 오로라는 일하러 갔고, 이 집에 남은 어른은 라후드 바로 너뿐이다."

하는 수 없이 라후드는 밖으로 나왔다. 마침 옆집에서 써니가 나오고 있었다.

"아저씨, 혹시 우리 언니 못 봤어요?"

"혹시 우리 개 못 봤냐?"

"와! 아저씨네 개 키워요? 푸들? 진돗개? 아니, 포메라니안이죠? 요즘 포메가 유행이잖아요. 내 친구도 얼마 전에 예쁜 포메라니안을 키우기 시작했대요."

써니는 여전히 쉴 새 없이 떠들었다.

라후드는 실수하지 않으려고 마음을 단단히 먹었다. 지구인

처럼, 지구인답고 자연스럽게 다음 대화를……

"유행이 뭐냐?"

"유행도 몰라요?"

써니가 눈을 똥그랗게 뜨고 물었다. 라후드는 또, 외계인 같

은 질문을 하고 만 건가?

써니는 라후드를 위아래로 훑어보더니 고개를 끄덕였다.

"뭐, 괜찮아요. 근데 개가 집을 나갔어요? 큰일인데. 목줄도 없이 혼자 돌아다니면 잡혀갈지도 몰라요."

"잡혀간다고?"

정체를 숨기려고 안전하게 변신했는데, 오히려 더 위험해지다니! 역시 지구에서 사는 건 보통 힘든 일이 아니었다. 라후드는 서둘러 경찰서 쪽으로 걸었다.

"빨리 찾아야 한다."

"같이 가요. 전 언니 찾으러 가는 길인데 개부터 찾아 드릴게요."

다 똑같다.

좀 그렇긴 하죠. 요즘 중딩들 유행이거든요. 빨간색 백팩까지.

근데 백팩은 내 거예요. 언니가 몰래 갖고 나가서 잡으러 왔다고요.

언니, 내 가방 내놔.

!

써니, 바바 찾는 거 도와준다고 했다!

가방 놓고 가라고!

멍!

멍!

"바바, 어디 있었어? 왜 이렇게 늦었어?"

라후드는 갑자기 나타난 바바를 번쩍 안아 올렸다.

"경찰서에서 급히 나오다 길을 잃었다. 우연히 유니를 보고 따라왔다."

라후드는 외계의 미아가 될 뻔한 바바를 안고 집까지 걸어갔다. 목줄을 하지 않은 개는 잡아간다니 어쩔 수 없었다.

"바바. 너는 지구인 다 되었다."

"무슨 뜻이냐?"

"다 똑같은 애들 중 유니를 찾아내어 따라왔으니까."

"설마 눈으로 구별했을까? 비슷하게 생긴 어린 지구인들이 거의 똑같은 옷을 입었는데…… 냄새로 찾았다."

오로라가 미용실에서 퇴근한 뒤, 아우린들은 2층 본부에 모였다. 바바는 경찰서에서 알게 된 사실을 말했다.

　"하라하라는 경찰서에 없다. 무슨 연구소에서 온 외계인 전문가들이 가져갔다고 한다. 그들의 정체는 모른다. 어디로 가져갔는지도 알 수 없다."

　아우레 탐사대는 실망했다. 하라하라를 영영 잃어버리면 지구 탐사는 물론이고 아우레 탐사대의 생존이 위협받을 것이다.

　"정체를 들키지 않으려면 더 지구인처럼 살아야 한다."

　"그럼 유행을 따라야 해."

　라후드가 말했다. 처음 듣는 정보에 모두의 눈이 동그래졌다.

　"유행이란 어떤 시점에 특정한 행동 양식이나 사상, 또는 물

건 등이 많은 사람의 추종을 받아서 널리 퍼지는 사회적 동조 현상을 말한다. 지구인들은 유행을 따르는 걸 좋아한다."

아싸가 재빨리 유행에 대한 정보를 찾았다.

"한마디로 중학생 지구인들은 다 똑같은 옷을 입고, 똑같은 가방을 메고, 똑같은 머리 모양을 한다."

유행에 관해서는 아우린들 중 가장 많이 알고 있는 라후드가 덧붙였다. 바바는 아까 보았던 유니를 떠올렸다.

"지구인들은 복제 인간을 꿈꾼다는 것인가?"

라후드는 고개를 끄덕이다가 이내 저었다. 지구인들은 같은 듯하면서도 다르고, 다른 것 같으면서도 비슷했다. 그 미묘함을 알아내지 못하면 아우린들은 언제고 외계인 추적자에게 정체를 들키고 말 것이다.

절대 튀지 말 것, '유행'을 따르라

2019년 5월 17일   아우레 7385년 18월 28일   작성자: 라후드

지구 사건 개요

* 이제 겨우 지구인들의 얼굴을 구분하는 데 익숙해졌다고 생각했으나, 오늘 또다시 위기를 맞음. 옆집의 중학생인 유니는 청바지에 모자 달린 튄 티셔츠를 입었으며, 빨간 배낭을 메고 나갔다고 했는데, 한자리에 모여 있는 열댓 명의 중학생들이 모두 똑같은 옷차림을 하고 있었음.
* 이것을 지구인들은 '유행'이라고 부름. 비슷비슷하게 생긴 지구인들은 왜 옷까지 똑같이 입으려고 할까? 남들과 구별되길 원하면서 왜 비슷한 옷을 따라 입는지 이해가 안 됨. 지구인들은 알다가도 모르겠음.

지구인들에게 유행은 중요하다

- 지구인들은 '유행'을 매우 중요하게 생각하는 것 같음. 오늘 유니의 옷차림이 바로 10대 지구인들 사이의 유행을 잘 보여 줌. 지구인들은 함께 사는 개의 종류를 정하는 데도 유행을 따른다고 하니 황당. 지구에는 개가 200종 넘게 있는데!
- 이것은 아마도 아우린들이 5천 년 전에 경험한 동조 현상과 유사할지 모름. 다른 사람의 취향을 따라 함으로써 안도감을 느끼는 현상.
- 자신이 주변의 사람들과 같은 선택을 했다는 데서 자신의 선택이 옳다는 믿음을 갖게 되고, 여기에서 안정감을 느끼는 것으로 판단됨. 이 때문에, 쉽게 다른 사람들의 선택을 따르기도 함.
- 지구인들은 사람이 많이 몰리는 식당 앞에서 한 시간씩 줄을 서서 밥을 먹고, 다른 지구인들이 모두 신는 신발을 사기 위해 훨씬 더 비싼 비용을 지불하기도 함. 지구에서 유행을 따르는 데는 돈이 많이 필요. 반대로 사려는 사람이 없으면 가격은 내려가기 때문에, 유행하지 않는 제품은 가격이 저렴할 것으로 예상됨.
- 그러나 이 예상은 또 빗나감. 지구에서는 수요가 없는 제품의 가격이 훨씬 비싸기도 함.

지구에서 가장 흔한 통신 기계는 휴대폰이다. 신제품이 나오면 이것을 사기 위해 수백 명의 지구인들이 며칠씩 가게 앞에 줄을 서서 기다리기도 한다.

© JHVEPhoto/gettyimages

많이 만들지 않고 많이 판매되지 않으니, 희귀한 제품에 비싼 값이 매겨지는 것임. 어떤 사람들은 일부러 이런 제품을 찾기도 함. 남들과 다르다는 것을 보여 주기 위한 것으로 보임. 그리고 이러한 시도들이 다시 유행으로 이어지기도 함.

- 지구의 유행이란 다른 사람들이 모두 하는 것을 따라 함으로써 안도감을 얻으려는 마음과 다른 사람과 구별되는 독특한 것을 찾으려는 시도에서 만들어지는 것으로 설명 가능. 유행을 따라야 할지, 유행하지 않는 것을 선택해야 할지, 지구 생활의 고민은 매우 모순적임. 약간 한심함.

10대 사이의 유행이 강력한 이유

- 지구인들의 뇌는 10대 후반까지 계속해서 발달하는데, 가장 마지막에 발달하는 영역이 바로 뇌의 맨 앞쪽 영역인 '전전두엽'임. 전전두엽은 결정하고 계획하는 기능을 담당하는데, 10대는 아직 이 부위의 발달이 완성되지 않았음. 그래서 지구의 청소년들은 몸집은 성인만큼 자랐다 해도 정서적으로는 성숙하지 못하고, 자신의 일을 계획하거나 방법을 선택하는 데 합리적인 의사 결정을 내리기 어려움. 또 이 시기는 또래 집단에게 큰 영향을 받는 시기이기도 함.

- 오늘 지구인들의 논문 자료집에서 재미있는 실험을 발견. 12~17세 청소년들을 대상으로 한 좋아하는 음악과 구입하는 음악의 차이 연구. 10대 청소년들 사이에는 유행하는 음악이 있는데, 이 실험의 참가자들은 음악을 구입할 때 자신이 좋아하는 음악보다 또래 집단이 좋아하는 음악을 최종 선택했다고 함. 분명 자신이 선호하는 음악을 들을 때 뇌의 보상 중추가 활성화되지만, 이것이 또래의 유행과 다를 때는 결정의 영역인 전전두엽과 함께 불안의 영역인 편도체가 활성화되었다고 함. 다른 사람의 선호와 자신의 선호가 다르다고 인지하는 순간, 정서적으로 불안을 느끼는 모양. 결국 그들은 또래 집단의 선택을 따라 함으로써 자신의 불안을 해소. 매우 줏대 없어 보임.

- 지구의 10대들은 어른들과 다른 자신들만의 유행을 만들어 쫓는 심리가 매우 강력하다고 함. 그 유행 속에 있으면 어른들의 잔소리는 듣지도 않음. 이들에게는 또래 집단과 비슷하다는 소속감이 훨씬 더 중요. 나약한 지구인들의 모습을 보게 됨.

빠 바 바 ♪ 밤!!

진짜 좋아~

근데 내 친구들은 이런 노래 안 듣는데…

보상 중추 활성화

전전두엽(의사 결정)과 편도체(불안의 영역) 활성화

7

이웃집
외계인

지구인은 외모를 위해
엄청난 고통을 감수한다

띵동!

갑작스런 벨 소리에 아우린들은 화들짝 놀랐다.

"누, 누구냐!"

라후드는 급히 변신 슈트를 뒤집어쓰며 소리쳤다.

"써니예요."

또 옆집 아이다.

틈만 나면 아우레 탐사대의 본부를 엿보려는 지구인. 오로라

가 재빨리 변신 슈트를 입고 슬쩍 문을 열었다.

"치킨 좀 드세요. 엄마가 사 오셨어요."

써니가 내민 상자에서 죽은 동물의 냄새가 훅 끼쳐 올랐다. 오로라는 저도 모르게 고개를 옆으로 돌렸다.

"됐다. 필요 없다."

아우레 행성에서는 벌써 수천 년 전부터 죽은 동물을 먹지 않았다. 필요한 영양소는 합성하여 만들었다. 별로 어려운 일도 아니었다.

"사양하지 마세요. 언니가 안 먹어서 남았거든요. 언니는 엄청 괴로워하면서 냄새만 맡고 있어요."

"유니도 안 먹는 치킨, 우리도 안 먹는다."

"에이, 언닌 먹고 싶은데 다이어트하느라 못 먹는 거고요."

써니는 고약한 냄새가 나는 지구 음식을 끈질기게 떠안기며 집 안을 힐끔거렸다.

"개 있어요? 잠깐 놀아도 돼요?"

"개? 아, 집에…… 있지. 집 안에 개 있다."

오로라는 바바 들으라고 크게 외쳤다.

휙 바둥 바둥

근데 왜
다이어트를 해?

왜 하냐뇨? 당연히
예뻐지려고 하죠.
우리 언니는요….

내려놓고
말해라.

바둥

바둥

굶어서 살을 쫙 빼고,

안 먹을 테다.

꼬르륵

얼굴 작아지는 기구를 끼우고요.

캑

쌍꺼풀
테이프는 기본,
코 세우는 기구도
끼우고요.

찔끔

종아리는
압박 붕대로
졸라매요.

아유,
다리 저려.

통

통

아우린들은 이미, 벌써, 잘 알고 있었다. 지구인들이 외모를 무척 중요하게 생각한다는 것을! 하지만 어린 유니가 외모를 위해 그런 고통까지 감수할 줄은 몰랐다.

"지구인들은 스스로를 적으로 삼는 건가?"

"눈꺼풀 위의 가는 주름이 왜 그렇게 중요한가?"

"뼈에 살이 붙는 건 당연한 일, 살이 많으면 왜 안 되는가?"

아우린들의 눈에는 지구인들이 다 엇비슷해 보였기에 더욱 이해되지 않았다. 고통을 감수하며 비슷해지려는 것인지, 비슷한 게 싫어서 고통스럽더라도 다르게 변하려는 것인지 현재의 모습으로는 알 수도 없었다.

써니는 식탁 위에 치킨을 올려놓고 자기 집으로 돌아갔다. 그래서 지금 아우런들에겐 지구인을 이해하는 것보다 더 급한 문제가 생겼다. 바로 그들 앞에 놓인, 고약한 냄새를 솔솔 피우는 죽은 닭!

"정말로 지구인들이 즐겨 먹는 음식 맞는가?"

"우리가 뭘 잘못해서 복수하려는 건 아니겠지?"

오로라와 라후드는 경계를 늦추지 않았다. 치킨에 대한 정보 수집을 마친 아싸가 고개를 저었다.

"이건 우리를 공격하는 음식이 아니라 환영하는 음식이다. 지구인들은 아직까지도 죽은 동물의 고기를 즐겨 먹는다. 맛있고, 비싼, 좋은 음식으로 생각한다."

외계 문명 탐험가에게 한밤의 편의점은 매력적인 공간이었다. 상점들이 모두 문을 닫은 시간, 편의점만이 지구의 다양한 물건을 품은 채 오롯이 불빛을 밝히고 있었다. 외계인들도 어서 오라는 듯이.

라후드는 빛을 향해 뛰어 들어갔다.

"여기, 맥주나 콜라 있느냐?"

"당연하죠. 맥주랑 콜라를 안 팔면 그게 편의점인가요?"

루이는 손가락으로 음료수가 가득한 냉장고를 가리켰다.

루이의 손가락을 따라 막 콜라를 향해 이동하려던 라후드는
우뚝 멈춰 섰다. 아주 이상한 장면이 펼쳐지고 있었다. 유니가,
다이어트를 하느라 고통스럽게 굶고 있다는 유니가 치킨과 다
른 음식들을 마구 먹고 있는 게 아닌가!

　　"유니……? 다이어트를 한다고 들었다."

　　"쉿! 모른 체해요. 지금 건드리면 좋을 거 없어요."

　　루이가 라후드에게 속삭였다.

"저 사람은 또 뭐라는 거야? 하여튼 꼭, 외계인 같아."

루이가 중얼거렸다. 아무리 봐도 지구인 같은 저 지구인의 어떤 부분이 외계인 같을까? 라후드가 물었다.

"저 사람의 어디가 외계인 같은가?"

"그냥 딱 보면 알죠. 겉은 멀쩡한데 정신은 마치 안드로메다에서 온 것 같잖아요. 이상한 말투며 밤에만 불쑥 나타나고, 맨날 밤하늘을 쳐다보며 중얼거리고, 꼭 외계인과 교신하는 것처럼요. 지금도 계속 외계어를 말하고 있어요."

"맞다. 외계인 같다. 어느 행성에서 왔을까?"

라후드는 맞장구를 치며 절대로 저 지구인의 행동은 따라 하지 않겠다고 결심했다.

"어느 행성? 외계인? 누구요, 누구?"

편의점으로 들어오던 검은 옷의 지구인이 웃으며 말했다.

루이는 턱짓으로 정 박사를 가리켰다.

"저 아저씨요. 말하는 것 좀 들어 보세요."

검은 옷의 지구인이 외계인으로 의심받는 남자를 쳐다보는 동안 진짜 외계인 라후드는 몸을 잔뜩 움츠렸다. 검은 옷의 남자는…… 외계인 추적자일 수도 있으니!

"다이어트는 뇌과학적으로 불가능한 일이야. 시상 하부의 섭식 중추와 포만 중추의 상관관계를 이해

하면……. 도파민과 섭식 중추는……. 세로토닌과 포만 중추는……. 트립토판의 부족으로 폭식이 뒤

따라……."

"수상하지 않아요?"

루이는 고개를 절레절레 흔들었다.

"맞다. 저, 저 남자는 트립토판 행성에서 왔나?"

라후드는 외계인 의심을 저 남자에게로 돌리고 싶었다.

하지만 검은 옷의 지구인은 고개를 절레절레 저었다.

"괴짜 같긴 한데, 외계인은 아닌 것 같아요. 진짜 외계인은 우리 눈에 안 띄게 숨어 있을걸요. 평범한 지구인으로 완벽하게 변신하고 말이에요. 바로 이 아저씨처럼요."

검은 옷의 지구인이 라후드를 쳐다보며 말했다.

순간 라후드는 그 자리에 얼어붙었다. 이 순간이 지나기를 바라며 그림자처럼 서 있었다.

한밤의 편의점은 외계인에게 너무나 스릴 넘치는 공간이었다.

지구인들에게 외계인이란

🌍 2019년 5월 25일　🌀 아우레 7385년 18월 68일　작성자: 바바

**지구
사건
개요**

* 지구인들은 대화에서 '음식'에 관한 얘기를 무지 많이 함. 이웃집 유니는 다이어트와 미용을 위해 음식을 아예 안 먹기도 하는데, 음식에 관한 대화는 계속 함.
* 편의점은 매우 중요한 공간. 음식에 대한 소비와 토론이 이루어지는 곳. 오늘 라후드는 이곳에서 정 박사와 유니의 토론을 통해 지구인이 생각하는 외계인에 대한 정보를 얻게 됨.

지구인들은 먹는 것과 다이어트에 관심이 많다

● 지구인들은 하루에 세 번 식사를 한다고 주장하나, 내가 보기엔 하루 종일 먹음. 먹지 않을 때는 TV와 인터넷 방송에서 요리를 하거나 먹는 걸 봄. 놀랍게도, 지구인들은 이렇게 음식을 찾아다니면서도, 살이 안 찌길 바람. 매우 이중적임.

● 지구인들은 항상 다이어트를 해야 한다거나 하고 있다고 주장하지만, 계속 뭔가를 먹음. 살이 찌지 않도록 관리해야 한다는 생각은 매우 강한데, 실천은 매우 약함. 과도한 몸무게 증가(그들은 이걸 비만이라 부름.)는 고지혈증, 당뇨, 고혈압 등 여러 가지 질병의 원인이 되기 때문.

살이 전혀
빠지지 않았어.
너무 뚱뚱해!

● 그러나 대부분의 지구인들은 다이어트를 날씬하고 마른 몸을 유지하기 위한 '미용'의 목적으로 이해. 지구인들은 외모를 정말 중요하게 생각. 여기에는 호감 가는 얼굴뿐만 아니라 날씬한 몸매도 포함. (지구인이라면 누구나 라후드에게 다이어트를 권할 것임.)

● 지구인 여성의 상당수가 자신의 몸이 뚱뚱하다고 생각하고 있음. 매우 마른 사람들도 스스로를 뚱뚱하다고 여김. 라후드의 실제 모습을 못 봐서 그런 것 같음.

먹는 모습과 음식 이미지는 뇌를 중독시킨다

지구인들은 실제로 먹는 것을 매우 좋아함. 진짜 먹는 것뿐만 아니라 남이 먹는 것을 보는 것도 즐김. 요즘 지구에는 '먹방'이 유행. 지구인들의 뇌는 먹방에도 중독되어 버림. 남이 먹는 걸 쳐다보는 지구인들이 매우 불쌍해 보임.

② 그렐린 호르몬이 식욕을 자극한다.

③ 먹고 싶다!!

① 맛있는 음식을 보면, 위와 췌장에서 그렐린 호르몬이 만들어진다.

이 과정이 반복되면 중독된다.

먹방을 보면 편의점에 안 올 수가 없어.

지구인들이 생각하는 외계인

- 지구인들 사이에서 외계인이라 불리는 사람들이 있음. 처음에는 우리인 줄 알고 깜짝 놀람. 그러나 그들이 말하는 '외계인'은 단순히 '외계 행성에서 온 존재'가 아님. 지구인들이 '지나치게 다른 것은 이상하다.'고 생각하는 데서 오는 표현임.

- 지구인들은 '자신(우리)'과 다른 '그들'을 이해하기 어려운 존재, 또는 나와 다른 존재라고 생각함. 그리고 이해하기 어려운 경우에는 그들이 '외계인'이기 때문이라고 이유를 단정해 버림.

- 편의점의 정 박사는 우리가 만난 지구인들과 크게 다르지 않음. 보통의 지구인보다 훨씬 논리적으로 말한다는 특징은 있으나, 지구인 이상의 수준은 아님. 그러나 정 박사가 보통의 지구인들처럼 말하지 않기 때문에, 편의점의 루이는 정 박사를 외계인일지도 모른다고 생각.

- 완벽한 지구인이 되는 것은 매우 어렵겠으나, 지구의 외계인들 속에서 들키지 않는 것은 그다지 어렵지 않을 것 같음. 지구인들은 매우 어리석으면서도 동시에 이상함.

다른 넌 누구냐?

외계인!?

이 책을 만든 사람들

정재승
기획

KAIST에서 물리학으로 학사, 석사, 박사 학위를 받았습니다.
예일대학교 의과대학 정신과 박사후 연구원, 고려대학교 물리학과
연구교수, 컬럼비아대학교 의과대학 정신과 조교수를 거쳐, 현재 KAIST
뇌인지과학과 교수로 재직 중입니다. 우리 뇌가 어떻게 선택을 하는지
탐구하고 있으며, 이를 응용해서 로봇을 생각만으로 움직이게 한다거나,
사람처럼 판단하고 선택하는 인공지능을 연구하고 있습니다. 쓴 책으로는
<정재승의 과학 콘서트>(2001), <열두 발자국>(2018) 등이 있습니다.

정재은
글

프로젝트를 진행하는 동안 때로는 아싸로, 때로는 라훈드로, 때로는
오로라나 바바로 끊임없이 정신을 분리하며 도서 전체의 스토리를
진행했습니다. 가 본 적 없는 아우레 행성과 직접 열어 본 적 없는 지구인의
뇌를 스토리 속에 엮어 내기 위해 엄청 열심히 공부를 해야 했습니다.
쓴 책으로 <뚱핑크 유전자 수사대> <멘델 아저씨네 완두콩 텃밭>
<미스터리 수학유령> 시리즈 등 다수의 어린이 책이 있습니다.
머릿속 넓은 우주가 어디로 펼쳐질지 모르는 창의력 뿜뿜 스토리텔러.

김현민
그림

일찍이 유럽으로 시장을 넓힌 대한민국의 만화가. 대학에서 산업디자인을
전공한 뒤 어릴 때 꿈을 찾아 만화가가 되었습니다. 프랑스 앙굴렘 도서전에
출품한 것을 계기로 프랑스 출판사에서 <Archibald 아치볼드>라는
모험 만화를 만들고 있습니다. 인간이 아닌 괴물이나 신기한 캐릭터 등
상상력을 발휘할 수 있는 그림을 좋아합니다. 몸은 지구에서 벗어날 수
없지만, 머릿속은 항상 우주의 여행자가 되고 싶은 히치하이커.

이고은
글

지구인들의 심리를 과학적으로 설명해서 보여 주는 것이 취미이자 특기인
인지심리학자. 부산대학교에서 심리학으로 학사, 인지심리학으로 석사와
박사 학위를 받은 뒤, 강의와 연구를 하고 있습니다. 과학 웹진 <사이언스
온>에서 '심리실험 톺아보기' 연재를 시작으로 각종 매체에 심리학을
소개해 왔으며, <마음 실험실>(2019)을 펴낸 과학적 스토리텔링의 샛별.

제작소 엿보기
2권 미리보기

이 책이 어떻게 만들어졌는지
궁금한가요?
<인간 탐구 보고서> 제작소를 공개합니다!
우리를 찾아보세요.

알면 알수록 어려운 지구인들, 지구인의 기억을 믿지 말 것!

지구인들 속으로 잠입하는 데 성공한 아우린들. 지구인처럼 보이기 위해 지구인의 탈을 쓰고, 지구인처럼 보이기 위해 가족을 이루고, 지구인처럼 보이기 위해 학교와 직장에 간다. 겉모습도 행동도 완벽한 지구인이다(라고 생각한다).

하지만 이들 주변을 떠나지 않는 외계인 논란.

"누구인지는 모르겠지만, 우리 동네에 외계인이 사는 것 같아."

"이런, 망했다!"

설마 외계인임을 들킨 것일까? 그나저나 검은 양복의 외계인 추적대는 왜 자꾸 우리 주변에서 목격되는 거지? 이래서는 지구인 탐구 프로젝트를 제대로 수행할 수 없을 것 같다. 결국 자유로운 활동을 위해 "완벽한 외계인 프로젝트"를 진행하기로 한다.

이제 지구인처럼 생활하는 데 어느 정도 자신이 생긴 아우린들. 철저하

게 계획을 세워 "완벽한 외계인 프로젝트"를 시행하지만, 거의 성공했다 싶은 순간 정체를 들키고 마는데……. 위기의 순간을 벗어나기 위한 아우린들의 또 다른 계획은 "지구인의 기억 조작하기!"

아무 일도 없을 것 같은 지구살이에 매 순간 사건이 끊이지 않는다. 그리고 지구에서의 생활은 아주아주 꼼꼼하고 섬세하고 이성적인 아우린들의 머릿속을 흔들어 버린다.

"이런, 우리 하라하라를 잃어버렸잖아! 그걸 까먹다니. 정말 지구인이 다 된 거야?!"

아우린들, 정신 차려! 그러다 정체를 들키고, 아우레 행성과의 교신도 끊어지고 말 거야. 뇌의 장난에 따라 이리저리 뒤엉키는 지구인의 기억, 덩달아 정신없는 아우린들, 아우린들이 관찰하는 지구인들의 "기억 편"이 2권에서 이어집니다.

정재승의 인간 탐구 보고서

01 인간은 외모에 집착한다

기획 정재승 | **글** 정재은 이고은 | **그림** 김현민
세계관 배경설계 김지선
사진 gettyimages, shutterstock, University of Toronto

1판 1쇄 발행 2019년 9월 18일
1판 13쇄 발행 2024년 4월 1일

펴낸이 김영곤 **펴낸곳** ㈜북이십일 아울북
융합1본부장 문영 **기획개발** 문영 이신지 **융합1팀** 김미희 정유나 오경은 이해인
디자인 한성미 김단아 **포스터진행** 이혜지 정지연
아동마케팅영업본부장 변유경 **아동영업팀** 강경남 김규희 양슬기 **e-커머스팀** 장철용 황성진 전연우
아동마케팅1팀 김영남 정성은 손용우 최윤아 송혜수 **아동마케팅2팀** 황혜선 이해림 이규림 이주은
제작 이영민 권경민

출판등록 2000년 5월 6일 제406-2003-061호
주소 (10881) 경기도 파주시 회동길 201(문발동)
대표전화 031-955-2100 **팩스** 031-955-2177
홈페이지 www.book21.com

ISBN 978-89-509-8307-9 74400
ISBN 978-89-509-8306-2 74400 (세트)

책값은 뒤표지에 있습니다.
잘못 만들어진 책은 구입하신 서점에서 교환해 드립니다.

• 제조자명 : ㈜북이십일
• 주소 및 전화번호 : 경기도 파주시 문발동 회동길 201(문발동) / 031-955-2100
• 제조연월 : 2024.4.1.
• 제조국명 : 대한민국
• 사용연령 : 3세 이상 어린이 제품

너와 나, 우리들의 마음을 이해하게 도와줄
첫 번째 뇌과학 이야기
정재승의 인간 탐구 보고서 (1~13권)

❶ 인간은 외모에 집착한다
❷ 인간의 기억력은 형편없다
❸ 인간의 감정은 롤러코스터다
❹ 사춘기 땐 우리 모두 외계인
❺ 인간의 감각은 화려한 착각이다
❻ 성은 우리를 다르게 만든다
❼ 인간은 타고난 거짓말쟁이다
❽ 불안이 온갖 미신을 만든다
❾ 인간의 선택은 엉망진창이다
❿ 공감은 마음을 연결하는 통로
⓫ 인간을 울고 웃게 만드는 스트레스
⓬ 인간은 누구나 더없이 예술적이다
⓭ 인간은 모두 호기심 대마왕

정보 가득 부록까지!

모두 챙기러
출발~!

인류의 과거와 현재를 이어 줄
아우린들의 시간 여행!
정재승의 인류 탐험 보고서 (1~8권)

호미닌들의 발자국을 따라,
고대의 시간을 탐험해 보세요!

❶ 위대한 모험의 시작
❷ 루시를 만나다
❸ 달려라, 호모 에렉투스!
❹ 화산섬의 호모 에렉투스
❺ 용감한 전사 네안데르탈인
❻ 지구 최고의 라이벌
❼ 수군수군 호모 사피엔스
❽ 대륙의 탐험가 호모 사피엔스

옛날 지구인들은
이랬단 말이지?